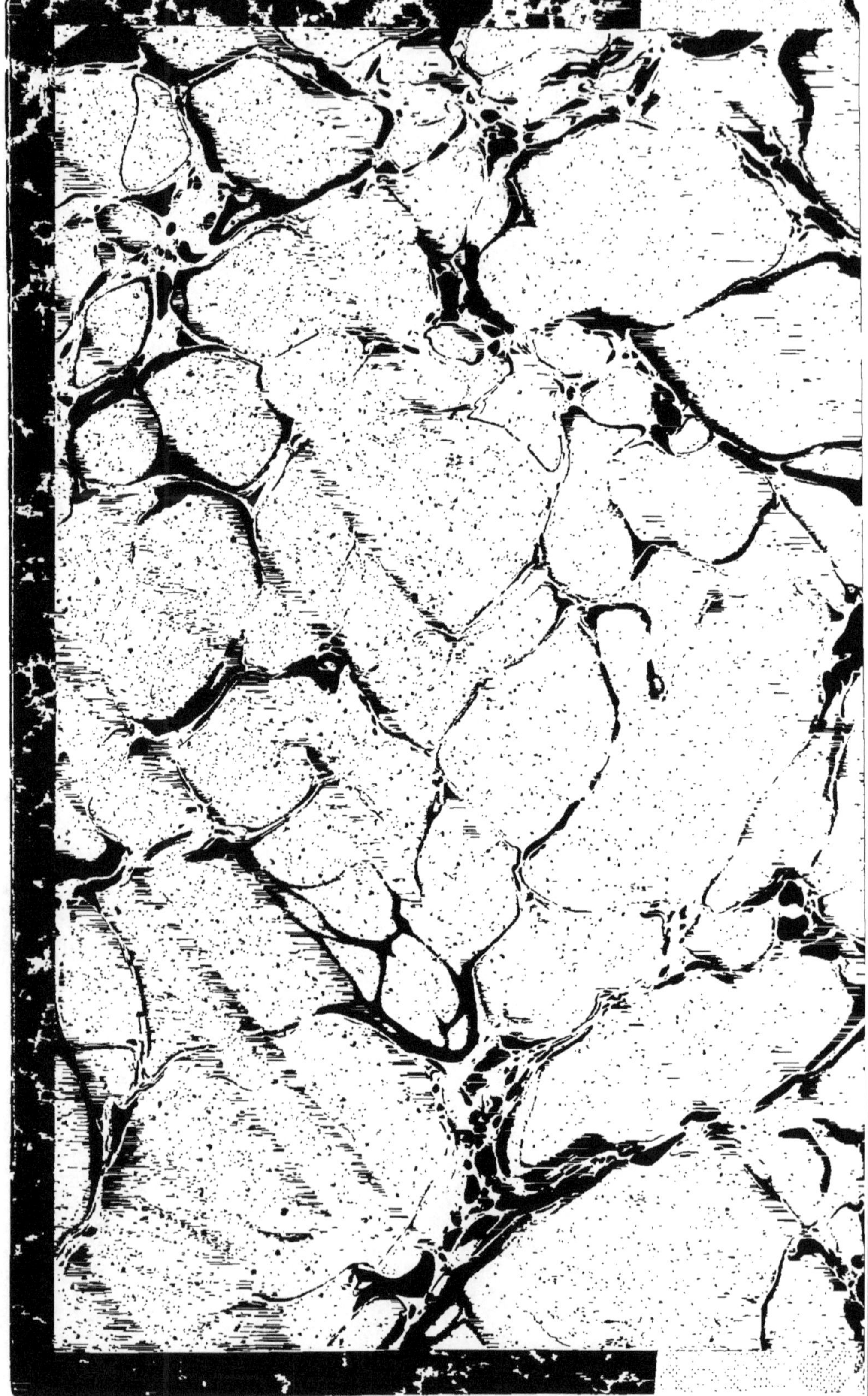

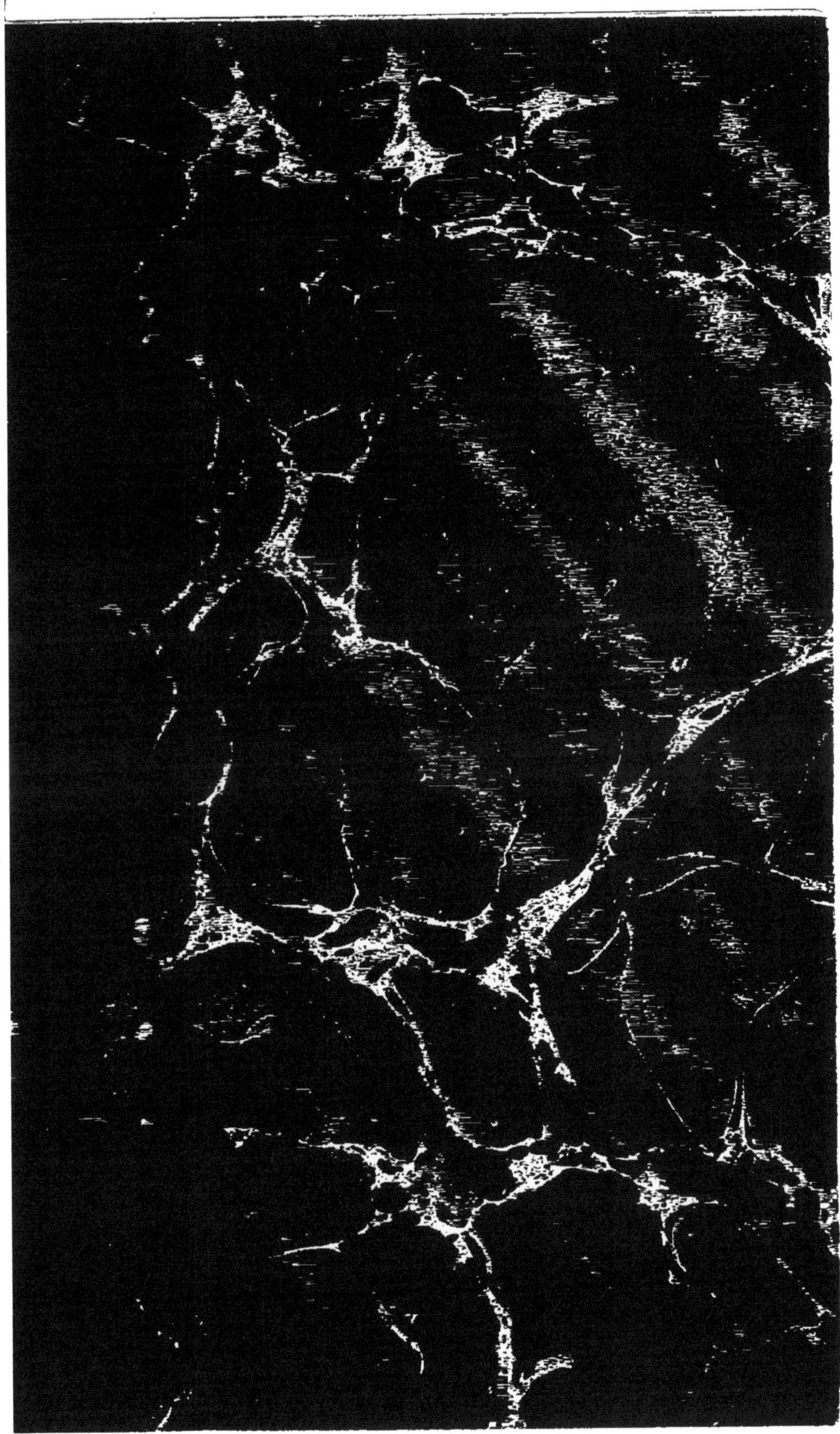

BIBLIOTHÈQUE DES ÉCOLES ET DES FAMILLES

DESPREZ

LE MARÉCHAL NEY

PARIS
LIBRAIRIE HACHETTE ET Cie
79, BOULEVARD SAINT-GERMAIN, 79

LE

MARÉCHAL NEY

LE MARÉCHAL NEY.

BIBLIOTHÈQUE

DES ÉCOLES ET DES FAMILLES

LE
MARÉCHAL NEY

PAR

DESPREZ

INSPECTEUR D'ACADÉMIE

PARIS

LIBRAIRIE HACHETTE ET CIE

79, BOULEVARD SAINT-GERMAIN, 79

1881

Le maréchal Ney est la plus grande et la plus complète personnification des armées françaises de 1792 à 1815.

Avec elles, en 1792, il s'élance à la frontière, et c'est en défendant contre l'étranger l'indépendance nationale qu'il s'élève de grade en grade et monte jusqu'au premier.

Sa renommée l'impose à Napoléon ; devenu maréchal d'empire, il marque dans toutes nos grandes guerres, il a sa part dans toutes nos victoires.

Le temps des revers arrivé, il arrache la France au désespoir de Napoléon, et croit lui assurer le repos en la confiant à d'autres mains.

Mais les Bourbons commettent faute sur faute, et quand l'armée, devenue hostile à leur gouvernement, se rejette dans les bras de l'Empereur, Ney la suit.

A Waterloo, Ney, comme l'armée, ne pouvant enlever la victoire, cherche à rester sur le champ de bataille.

Rejetés en France, l'armée et lui expient le crime d'avoir abandonné les Bourbons : l'armée de la Loire est dissoute, Ney est fusillé.

Ils avaient vécu d'une vie commune, ils meurent ensemble.

LE

MARÉCHAL NEY

LE SOLDAT

Michel Ney naquit à Sarrelouis le 10 janvier 1769. Son père, ouvrier tonnelier, lui fit donner quelque instruction au collège de sa ville natale, et ensuite le plaça chez un notaire et après chez un procureur. De là le jeune Ney passa comme employé aux mines d'Apenweiler et aux forges de Saleck.

Les occupations auxquelles il se livrait, si variées qu'elles fussent, ne pouvaient satisfaire son imagination; il voulait être soldat. En vain son père, vétéran de Rosbach, qui, ayant déjà un de ses fils au service, cherchait à retenir l'autre, lui représentait que, sorti du peuple, il ne pouvait espérer d'avancement, que tous les grades étaient réservés pour les nobles; Ney, tenté moins par les honneurs que par le danger, ne l'écoutait pas. Un matin il arrive chez son père; sa résolution est prise; il abandonne les forges de Saleck et s'engage.

A cette brusque déclaration, les reproches du père éclatent, les larmes de la mère coulent. Ney, qui ne veut pas répondre aux uns, qui ne peut pas soutenir les autres, s'enfuit, et sans argent, sans linge, prend la route de Metz. Quinze ans plus tard, il parcourait cette même route; mais alors c'était le brillant soldat, le hardi commandant de l'avant-garde à l'armée de Sambre-et-Meuse, l'habile général des armées de l'Helvétie et du Danube; c'était un des vainqueurs de Hohenlinden qui revenait dans sa patrie.

Les cloches sonnaient en son honneur, le canon tonnait, ses concitoyens accouraient au-devant de lui, et lui, pensant au jour où presque enfant, tout poudreux, les pieds meurtris, le cœur triste, mais la volonté ferme, il faisait si douloureusement cette première étape, il pouvait à peine retenir ses larmes.

Arrivé à Metz le 1er février 1787, Ney s'engagea dans le régiment colonel-général, qui devint plus tard le 4e de hussards. D'abord les fâcheuses prédictions de son père semblèrent se réaliser: Ney mit quatre ans à obtenir le premier de ses grades, presque plus de temps qu'il ne lui en fallut pour passer, de brigadier, général. Cependant sa vive intelligence, son zèle, sa promptitude à comprendre les manœuvres et à les exécuter, sa hardiesse à cheval, sa souplesse et son habileté à tous les exercices de corps n'avaient pu échapper à ses chefs, car elles avaient frappé ses camarades au point que Ney fut de leur part l'objet d'un choix qui manqua de le perdre.

Les chasseurs de Vintimille tenaient garnison avec colonel-général. Le maître d'armes des chasseurs avait cherché querelle à celui de colonel-général, l'avait blessé dans une rencontre, et depuis ne cessait d'insulter le régiment. Ney fut chargé de venger l'honneur du corps. Les deux adversaires étaient sur le terrain, le fer était croisé : Ney, tout d'un coup, se sentit tiré par derrière; il se retourna et se trouva en présence de son colonel. Les règlements militaires étaient formels : le duel était puni de mort, et Ney venait d'être pris sur le fait. Mais il se battait par délégation ; ses camarades firent une démarche pour solliciter sa grâce, et la prison le sauva du conseil de guerre.

La Révolution avait éclaté; les privilèges étaient abolis; l'émigration avait éclairci les rangs; l'Europe en armes s'avançait contre la France; la carrière s'ouvrait libre d'entraves, Ney s'y élança. Brigadier le 1er janvier 1791, il était maréchal des logis le 1er février 1792, maréchal des logis chef le 1er avril, adjudant le 14 juin, sous-lieutenant le 29 octobre et lieutenant le 5 novembre de la même année. Le 29 mars 1793 le général Lamarche le choisissait pour aide de camp.

Valmy avait chassé les étrangers de notre territoire, Jemmapes nous avait ouvert le leur. Nous étions maîtres de la Belgique, nous avions passé la Meuse, nous touchions presque au Rhin. Mais les Autrichiens revinrent sur nous, et ce fut à notre tour d'éprouver des revers. Ney combattit à Aldenhoven et à Nordlingue. Au camp de Famars il fut fait capitaine.

Hondschoote et Wattignies finirent enfin la série de nos défaites.

Dans un de ces chocs que, pendant une année, les armées en présence dans le Nord se livraient presque chaque jour, Ney, à la tête d'un escadron de hussards, rompt un escadron anglais. Il aperçoit le chef, s'élance sur lui, le poursuit à outrance, et, près de l'atteindre, le somme de se rendre. L'Anglais lui offre sa bourse. A un sourire de Ney, son adversaire, se méprenant, lui fait les plus brillantes propositions, s'il veut abandonner les républicains et passer aux étrangers.

« De l'argent et une trahison! s'écrie Ney. C'en est trop. C'est vous qui allez déserter à la face de votre armée. » Et, la pointe du sabre sur la poitrine de l'Anglais, il charge l'ennemi qui se reformait pour lui barrer le passage et rentre au camp avec son prisonnier.

Fleurus nous reportait en avant. Kléber, commandant de l'aile gauche à l'armée de Sambre-et-Meuse, était entré à Mons et marchait sur Bruxelles. Il veut aller en reconnaissance et demande un piquet d'escorte; chemin faisant, il adresse des questions à l'officier qui l'accompagne; ses réponses vives et nettes frappent le général : le lendemain, Kléber organise une colonne de flanqueurs, et c'est Ney qu'il met à sa tête. Les Français débouchaient sur Pellemberg : les Autrichiens, vivement pressés, se retournent, et deux cents hussards de Blankenstein dissipent la faible avant-garde qui les talonne. A ce moment arrive Ney; sa troupe est épuisée; il rassemble trente dragons, quelques chasseurs d'ordonnance et avec eux fond sur les hussards, qu'il met en déroute. Sur un rapport de Kléber, il est nommé adjudant-général chef de bataillon.

La victoire nous avait ramenés sur la Meuse. Kléber bloquait Maestricht. Il fallait vivre; Ney fut chargé de passer la rivière, d'aller fourrager sur le territoire occupé par l'ennemi, de couper ses convois et d'amener dans le camp français les provisions destinées aux Autrichiens. Un jour qu'avec audace il avait poussé au loin et fait d'importantes captures, il s'aperçoit que deux gros de cavalerie filent sur ses flancs et qu'il va être cerné. Ney rassemble ses hommes, se jette sur les masses qui l'entourent, les enfonce et ramène comme trophée celui qui les commande, le baron de Hompesch. Le représentant Gillet le fit chef de brigade.

L'armée de Sambre-et-Meuse ne s'était arrêtée un instant que pour attendre que quelques places restées sur les derrières se fussent rendues; elles avaient capitulé, le moment était venu de marcher en avant. Défaits sur l'Ourthe et à Sprimont, les Autrichiens paraissaient vouloir tenir sur la Roër; Kléber et l'aile gauche furent appelés pour aider le reste de l'armée à les chasser de cette position. Vers le soir, Bernadotte et Ney arrivent devant la rivière, que les pluies ont grossie. Au delà sont les Autrichiens, dans des redoutes hérissées de canons. Les grenadiers français n'hésitent pas : ils se jettent dans l'eau, traversent la Roër et, sous la mitraille, courent aux premières batteries, dont ils chassent l'ennemi à coups de baïonnettes. La nuit met fin au combat. On s'apprête à le recommencer le lendemain; mais, à l'aube, on n'aperçoit plus un seul Autrichien, ils ont abandonné leurs retranchements. Ney aussitôt se met à leur poursuite, atteint les derniers dans Neuss, les force et derrière les fuyards met le pied sur le Rhin. Cependant Maestricht tenait toujours; Kléber y retourne; il accable la place de feux, détruit les remparts, brûle les maisons, et quand il juge le ravage assez grand pour terrifier ceux qui défendent la place, il envoie Ney les sommer de se rendre. Si dures que soient les conditions qu'il leur porte, Ney les leur fait subir.

De Maestricht, Ney suit Kléber devant Mayence. Il veut montrer aux soldats du Rhin comment on se bat à l'armée de Sambre-et-Meuse. Il prend quelques fantassins, quelques cavaliers, dirige les fantassins sur le front d'une redoute, et lui, avec les cavaliers, s'y élance par la gorge. Mais il arrive seul au milieu des ennemis. Entouré, il se dégage à coups de sabre, enfonce ses éperons dans le flanc de son cheval, franchit talus et fossés et s'échappe au travers des balles. L'une d'elles l'a atteint au bras. Bientôt la fatigue aigrit le mal, la fièvre se déclare, et Ney est obligé de demander un congé. Le représentant Merlin le lui accorde et en même temps le nomme général de brigade. Ney croit qu'il n'a pas encore assez fait pour mériter ce grade, il le refuse.

Il était dans sa famille, occupé à se guérir; sa blessure commençait à peine à se fermer, quand il reçut un billet de Kléber qui l'engageait à venir le rejoindre à l'armée de Sambre-et-Meuse, où il était retourné. La belle saison approchait; Ney s'imagine que la campagne s'ouvre, que les combats recommencent; dès lors ni prières des siens, ni conseils des médecins ne peuvent le retenir : il part. Toutefois ce ne fut qu'à la fin de l'été de 1795 que l'armée de Sambre-et-Meuse passa le Rhin et investit Düsseldorf. Les batteries étaient prêtes; Kléber, avant de bombarder la ville, envoya Ney demander un million et la place : on les lui donna.

Les Autrichiens étaient à peu de distance; on alla à eux, on les culbuta sur l'Acher, sur la Sieg, sur la Lahn, on les rejeta par delà le pays de Nassau. Ney, à l'extrême avant-garde, dans les plaines, dans les vallées, dans les gorges, dans les montagnes, ne cessa de les harceler que quand il eut vu le dernier d'entre eux repasser le Mein à Francfort. Mais ils ne tardèrent pas à reprendre l'avantage, et, débordant la gauche de l'armée de Sambre-et-Meuse, ils la ramenèrent sur le Rhin.

Au printemps de 1796, Kléber quitta son camp de Düsseldorf et s'avança de nouveau vers la Sieg. Les Autrichiens voulaient s'y défendre. Ney, Richepanse, Lefebvre se jetèrent sur eux et les renversèrent. Ils s'étaient reformés à Altenkirchen; tandis que Kléber les en chasse, Ney pousse en avant sur la droite, arrive à Dierdorf, à Montabauer, y intercepte de riches convois, coupe la retraite au général Finck, et Finck, sur le point d'être enfermé dans le bassin de Neuwied, ne s'échappe qu'en escaladant les montagnes.

L'armée de Sambre-et-Meuse bordait la Lahn. Encore une fois elle y est forcée et contrainte à la retraite. Mais, tandis qu'elle se retire, elle laisse sur sa gauche une colonne que l'on y a jetée en éclaireurs. Kléber appelle Ney : « Cours, lui dit-il, ne perds pas de temps : peut-être que Soult a déjà des nuées d'ennemis sur les bras. »

Ney part avec vingt-cinq hussards. Quand il débouche dans la plaine d'Herborn, il voit de petits carrés noyés au milieu des tourbillons de la cavalerie ennemie. C'était Soult qui avec quelques centaines d'hommes luttait depuis six heures contre quatre mille Autrichiens et émigrés et repoussait une septième charge. Ney perce les Autrichiens et arrive jusqu'à lui. Aussitôt il prend le commandement de deux cents chevaux et s'élance. Un coup de mitraille abat son cheval; Ney tombe; trois émigrés se jettent sur lui et le somment de crier : Vive le roi! — Vive la république! répond-il, et, se relevant, d'un coup de sabre il renverse un de ses adversaires, saute sur son cheval et met les deux autres en déroute.

Enfin, après un neuvième effort aussi infructueux que les huit qui ont précédé, les Autrichiens laissent Soult continuer sa retraite. Ney vient annoncer à Kléber qu'il est délivré.

La gauche de l'armée de Sambre-et-Meuse était à peine rentrée dans son camp de Düsseldorf qu'elle reçut l'ordre de se porter en avant. L'armée du Rhin avait passé le fleuve et pénétrait en Allemagne; les Autrichiens couraient à elle; il ne fallait pas la laisser accabler. Kléber et Jourdan culbutèrent les corps qui leur étaient opposés, reprirent la Sieg, reprirent la Lahn, s'emparèrent de Francfort et, remontant la vallée du Mein, tandis que Moreau suivait celle du Necker, s'apprêtèrent à le rejoindre sur le Danube pour marcher ensemble sur Vienne.

Ney, serrant l'ennemi de près, le harcelant, le provoquant, cherchait à l'amener à une bataille. Mais les Autrichiens ne résistaient qu'autant que cela était nécessaire pour ne pas être pressés dans leur retraite. Inférieurs en nombre, ils avaient l'ordre de ne pas engager d'action générale. Cependant, arrivés à Forcheim, presque aux portes de la Bohême, ils s'arrêtent et paraissent disposés à recevoir la bataille. Ney se précipite sur eux avec un tel élan, qu'il les enfonce; les Autrichiens se retirent. Ney aussitôt somme la place de se rendre. Mais Wartensleben, qui commande les Autrichiens, est encore en vue. Le gouverneur de la ville demande que l'on attende au moins qu'il ait disparu. Ney, qui a hâte de se remettre à la poursuite de l'ennemi, ne veut entendre à aucun délai, et le gouverneur cède. Kléber, qui commande provisoirement en chef l'armée de Sambre-et-Meuse, complimente Ney devant ses soldats et, forçant sa résistance, le nomme général de brigade : « Tu es bien contrarié, bien confus, ajoute amicalement Kléber ; eh bien ! voilà les Autrichiens, venge-toi sur eux ! » Et Ney s'élance sur les dernières colonnes de Wartensleben, entre derrière elles à Nuremberg, les pousse dans les extrêmes gorges de la Franconie, les culbute à Sulzbach et les rejette derrière la Naab.

L'armée de Sambre-et-Meuse touchait au Danube : Moreau n'avait qu'un pas à faire pour lui donner la main. Au lieu de s'en rapprocher, il se laissa entraîner par delà le fleuve ; l'archiduc Charles, se dérobant subitement devant lui, s'en vint avec une partie de son armée donner dans le flanc de l'armée de Sambre-et-Meuse, tandis que Wartensleben l'attaquait de front. La partie n'était plus égale ; Jourdan ordonna la retraite.

Ney, chargé de la couvrir avec deux bataillons et sa cavalerie, était encore en avant d'Amberg, quand il voit de tous les côtés déboucher sur lui de grosses colonnes. Il essaye de les arrêter. Il les charge à outrance ; mais elles avancent, elles le débordent ; il est coupé du reste de l'armée. Avec ses cavaliers il se fait jour ; ses deux bataillons restent enfermés. Il veut leur rouvrir le passage, il revient sur l'ennemi. Mais les masses contre lesquelles il se heurte sont maintenant trop épaisses pour qu'il puisse les rompre ; le désespoir dans le cœur, il est obligé d'abandonner ses soldats. Eux, remplis de l'énergie de leur chef, repoussent toutes les sommations qu'on leur fait de se rendre. Kray les broye de sa mitraille et les écrase ensuite sous les pieds de ses chevaux.

Les premiers pas faits en arrière ramenèrent l'armée de Sambre-et-Meuse jusque sur le Rhin. En vain Jourdan essaya de s'arrêter à Wurtzbourg. Battu, il fut obligé de précipiter sa retraite au travers des populations en armes de la Franconie et du pays de Nassau.

Un détachement approchait d'Attendorn; le bruit se répand qu'il escorte la caisse. Bailli, bourgmestre, paysans se lèvent, attaquent le détachement, le dispersent et pillent les fonds. Ney était à peu de distance : il l'apprend et il revient sur Attendorn, enlève le bourgmestre et un des habitants les plus riches et ne les relâche que quand ils ont rendu gorge.

Après des misères sans nombre, l'armée de Sambre-et-Meuse atteignit Düsseldorf. Elle se croyait sauvée; dans ses cantonnements, livrée à un général incapable, à des administrations cupides, elle faillit mourir de faim. Il fallut aux chefs de corps toute leur autorité sur les soldats pour les retenir sous le drapeau et toute leur industrie pour les y faire vivre. Enfin, après plusieurs mois d'anxiété, Hoche arriva. Ressaisissant cette armée qui n'avait plus d'âme, il la remplit de son ardeur et la lança sur l'ennemi. Le 18 avril il passa le Rhin et assaillit les redoutes des Autrichiens à Neuwied.

Ney, que Hoche avait mis à la tête des hussards, pénétra dans les intervalles des lignes, tourna, renversa l'ennemi et aida puissamment à la victoire. Les troupes de Kray fuyaient sur Dierdorf. Ney les poussait, les pressait dans les gorges, quand tout d'un coup il se trouve en présence de 6000 hommes.

C'est toute sa réserve que le général en chef autrichien Werneck envoie pour recueillir son lieutenant. Ney manœuvre, contient, amuse l'ennemi jusqu'à ce que l'infanterie de Hoche paraisse. Alors il fait sonner la charge, et devant son élan dragons et grenadiers autrichiens disparaissent. Tout est en fuite, tout se précipite vers la Lahn. Mais Ney, infatigable, est derrière eux : il ne les laisse pas respirer un instant. Près de Giesen, il talonne davantage l'arrière-garde, elle se retourne : elle vient de recevoir des renforts. Ney, qui n'a avec lui que ses hussards, reçoit le choc : il est rompu. Il essaye de reformer les siens, de les ramener : son cheval s'abat, il roule au fond d'un ravin. Les Autrichiens courent sur lui. Ney se relève; il essaye encore avec son sabre brisé de se défendre, mais il glisse et tombe : il est pris.

Les Autrichiens le menaient au quartier général; ils évitaient de passer par Giesen; les habitants voulurent voir le prisonnier : « Est-ce donc une bête curieuse? leur demanda le chef de l'escorte. — Curieuse, en effet, lui répondirent-ils, puisqu'il vous a fallu tout un escadron pour le prendre! »

Ney fut de la part des Autrichiens l'objet des plus grands égards. Les officiers essayèrent de le consoler en lui représentant ce qui lui était arrivé comme un des mille accidents de la guerre.

Ney s'entretenait avec eux des derniers évènements, lorsqu'il aperçoit son cheval qu'un soldat tirait par la bride, sans pouvoir le faire avancer. Il se récrie sur la maladresse du soldat; les officiers autrichiens qui l'entourent plaisantent sur le mérite du cheval. L'un d'eux même demande en riant à le lui acheter. « Vous allez voir ce qu'il vaut, répond Ney, et, sautant dessus, il pique des deux et vole dans la direction de l'armée française. On sonne le boute-selle, les grand'gardes courent, tout le camp est en émoi. Ney fait volte-face et, revenant sur ses pas : « Eh bien, messieurs, qu'en dites-vous? N'est-il pas vrai que tant vaut l'homme, tant vaut la bête? » Les Autrichiens ne le plaisantèrent plus et le gardèrent mieux.

Peu de temps après arriva un parlementaire : il apportait la nouvelle des préliminaires de Leoben et une lettre que Hoche écrivait à Ney : « Vous devez me connaître assez, mon cher général, lui disait-il, pour savoir combien m'afflige l'évènement affreux qui vous est arrivé. Je compte assez sur la réciprocité avec laquelle agiront les généraux autrichiens pour penser qu'ils vous traiteront comme nous avons traité ceux de leurs collègues que nous avons pris en Italie... J'attends avec la plus vive impatience le moment où je pourrai vous embrasser. »

Quelques jours plus tard, Hoche envoyait à Ney un ceinturon du plus riche travail.

« Veuillez, lui disait-il, l'accepter comme un faible gage de mon estime particulière et de mon inaltérable amitié. »

Hoche avait demandé que Ney fût renvoyé sur parole. Les Autrichiens hésitaient, Hoche se plaignit ; les Autrichiens avaient intérêt à le ménager; ils relâchèrent Ney. Le général, pour résider sur le territoire occupé par l'armée, avait besoin d'une autorisation ; voici celle que Hoche lui envoya : « Le général de brigade Ney pourra se retirer à Giesen quand bon lui semblera, jusqu'au moment de son échange tant désiré par le général en chef. »

Cet échange ne tarda pas à avoir lieu. Le Directoire mit en liberté le général-major Prelly, et le conseil aulique rendit à Ney sa parole. « Je vous envoie, mon brave Ney, lui écrivit Hoche, votre certificat d'échange..... Allez reprendre votre poste, et croyez que lorsque nous recommencerons, je vous mettrai à même de recevoir des louanges de nos amis et de nos ennemis. »

Ney était retourné à sa division de hussards; il

s'occupait activement de remplacer les hommes et les chevaux que cette courte campagne avait enlevés, de discipliner ses troupes, de les exercer, de les mettre en état de frapper fort quand le moment de rentrer en action serait venu; mais le traité de Campo-Formio confirma les préliminaires de Leoben, et pour un temps Ney put se croire condamné au repos.

Déjà alors il avait dans les armées du Rhin une renommée de bravoure incomparable. Au bivouac, dans les cantonnements, soldats et officiers ne s'entretenaient que de sa valeur sans rivale. C'était déjà le *brave des braves.*

Les généraux en chef se le disputaient. Kléber, partant pour Mayence, voulait l'emmener, et Jourdan le retenait à l'armée de Sambre-et-Meuse. Il fallut que les représentants en mission intervinssent et terminassent ce différend si honorable pour celui qui en était l'objet.

La faveur dont jouissait Ney auprès de ceux qui commandaient, personne ne le soupçonnait capable de l'acheter par de lâches complaisances.

Un jour Kléber, capricieux et fantasque, voulait éloigner de lui un officier auquel il avait d'abord témoigné une vive affection. Ney était son adjudant-général, il l'appelle pour minuter l'ordre. « Vous le renvoyez, et pourquoi ? demande hardiment Ney. — Pourquoi ? pourquoi ? reprend Kléber embarrassé, parce qu'il me déplaît. — Parce qu'il vous déplaît ! Eh bien, à d'autres ! s'écrie Ney, on me couperait le bras plutôt que de me faire écrire un pareil ordre. » Kléber, étonné, le regarde, et après un instant : « Vous le voulez? lui dit-il, qu'il reste ! »

Ney, pour ses camarades, s'exposait à la disgrâce; pour des inconnus, des ennemis, il risquait sa vie.

Des émigrés avaient été faits prisonniers. Les lois de la Convention les condamnaient à mort, et ordre était donné d'exécuter ces lois cruelles. Mais Ney combattait, il n'égorgeait pas. Il mêla les émigrés à d'autres prisonniers et les fit partir tous ensemble pour les villes de l'intérieur qui leur servaient de prison. On le sut et on donna à Ney l'avis d'être à l'avenir plus prudent. Il l'avait à peine reçu qu'il recommença à s'exposer. Une de ses patrouilles lui avait amené des prêtres fugitifs qu'elle avait surpris errant dans la campagne. Devant les soldats, Ney éclate en menaces, puis, sous le prétexte de les interroger, il reste seul avec les prêtres. Les voyant à demi morts de frayeur, de fatigue et de faim, Ney, par de douces paroles, les réconforte, leur fait servir à manger, leur distribue de l'argent, et, la nuit venue, les fait reconduire, sous un déguisement, aux avant-postes ennemis.

Le lendemain, en apprenant leur évasion, il tonne, il fait courir à leur poursuite; mieux qu'un autre il savait qu'on ne pourrait les atteindre. De quelque précaution qu'il se fût entouré, les représentants en mission furent informés de ce qu'il avait fait. L'un d'eux parlait de punir, mais l'autre dit à Kléber : « Votre ami Ney sait épargner le sang français. »

Ce n'était pas seulement pour ses compatriotes que Ney était bon et humain; il prenait en pitié les malheureuses populations du Rhin qu'en allant et venant les armées ne cessaient d'écraser. Autant qu'il le pouvait, il diminuait pour elles les maux de la guerre.

Dans une rencontre au pays de Darmstadt, l'avant-garde avait enlevé de force un village occupé par les Autrichiens, et quelques soldats, profitant du désordre, s'étaient jetés dans les maisons et les avaient pillées. Ney écrit au landgrave qu'une faute contre la discipline a été commise, qu'il veut la réparer, et il lui demande de faire évaluer par le bailli le dommage causé aux habitants. Il trouvera un moyen de les indemniser des pertes qu'ils ont éprouvées... »

Une contribution de guerre avait été imposée au pays de Nassau. Les administrateurs chargés de la répartir grevèrent d'une somme considérable la petite ville d'Eberfeld, qui deux fois avait été incendiée et ruinée. Les habitants réclamèrent, on ne les écouta pas; Ney l'apprit, il signifia aux administrateurs du pays de Nassau qu'Eberfeld, si maltraitée par la guerre, ne devait point payer de contributions; qu'en conséquence ils eussent à l'en exempter.

Ney, que le malheur des étrangers trouvait si compatissant, ne pouvait rester insensible à la gêne qui pressait sa famille.

Son père, quoique âgé, aurait peut-être encore suffi par son travail à la soutenir; mais dans ces temps difficiles, où il n'y avait plus en France ni commerce ni industrie, le travail manquait. Pour comble d'embarras, la mère de Ney, atteinte d'une maladie douloureuse, gisait sur son lit. Ney, dès qu'il fut officier, commença à prendre sur la solde modique que la République donnait à ses défenseurs, et cette épargne il l'envoyait aux siens exactement.

Ce tribut que le devoir prélevait, s'il imposait à Ney des privations, ne lui coûtait pas. Son cœur était heureux de le payer; il gardait précieusement le souvenir de la maison paternelle; il aimait ses vieux parents.

Un soir qu'après une action des plus chaudes il revenait au bivouac et racontait à un de ses camarades les incidents de la journée : « Je l'ai encore échappé belle, lui disait-il ; quatre fois je me suis vu seul au milieu des Autrichiens, et quatre fois je m'en suis tiré ! — Eh bien, reprend son ami, tu as été plus heureux que ton frère. — Mon frère, s'écrie Ney, lui serait-il arrivé malheur ? » Alors il apprend qu'une affaire grave a eu lieu en Italie et que Pierre Ney, officier à la 35e demi-brigade, a été tué. « Ma pauvre mère ! » et la voix de Ney était étouffée, et des larmes coulaient le long de ses joues : « Que serait-elle devenue, que serait devenue ma sœur, si aujourd'hui j'étais mort ! »

On le voit, Ney, soldat, pouvait arriver à tous les honneurs ; comme homme et comme fils, il les méritait.

LE GÉNÉRAL

HOHENLINDEN

L'Autriche avait déposé les armes ; c'était le dernier des ennemis que nous eussions à combattre sur le continent.

Pour atteindre l'Angleterre, le Directoire ordonna de former une armée dite *armée des côtes*. Ney conduisit à Amiens sa division de hussards.

Mais Bonaparte, nommé général en chef de l'armée d'invasion, ne tarda pas à reconnaître qu'avec les moyens dont disposait la République il était impossible de mener à bonne fin une pareille entreprise : il partit pour l'Égypte.

A peine l'Autriche vit-elle par delà les mers le général et les soldats qui l'avaient vaincue, qu'excitée par l'Angleterre, soutenue par la Russie, elle recommença la guerre. Schérer fut défait en Italie et Jourdan sur le Danube. En vain Masséna, qui l'avait remplacé, essaya de défendre le Rhin.

Rejeté en Suisse sur la Thur, sur la Toss, il finit par se réfugier sur la Limmath. Dans la retraite, Ney, à l'extrême arrière-garde, avait été atteint de deux coups de feu ; il fut obligé pour un temps de quitter l'armée.

Il se rétablissait quand il reçut l'ordre de se rendre

sur le Rhin, où on rassemblait un corps de troupes destiné à couvrir le fleuve, de Strasbourg à Mayence. De là il fut appelé à l'armée d'Allemagne.

Bonaparte était revenu d'Egypte ; il avait renversé le Directoire, s'était fait le maître, et tandis qu'à la tête d'une armée il franchissait lui-même le Saint-Bernard et entrait en Italie, il donnait l'ordre à Moreau de s'avancer par la vallée du Danube. Moreau avait avec lui 100 000 hommes; il en avait 100 000 devant lui. Battus à Engen et à Möskirch, les Autrichiens se retirèrent sous le canon d'Ulm.

Moreau essayait de les enfermer dans la place en les débordant par sa droite; eux se jetèrent sur sa gauche et allaient l'accabler, lorsque Ney revint à temps à son secours et la dégagea. Moreau fut plus heureux dans une seconde tentative : il passa le fleuve au-dessous d'Ulm, et Kray, menacé sur sa ligne de retraite, se hâta de prendre la route de la Bohême pour revenir de là derrière l'Inn et défendre la dernière barrière qui protégeât l'Autriche. Un instant l'armistice de Parsdorf, suite de la victoire remportée par le premier consul à Marengo, suspendit les coups; mais, la trêve rompue, l'archiduc Jean, qui commandait les Autrichiens, résolut de prévenir son adversaire et, passant l'Inn, s'en vint assaillir Moreau à Hohenlinden.

Pour arriver sur le plateau où ce village est assis, l'archiduc avait à traverser la forêt d'Uenberg. Il y engagea toute son armée. Moreau ordonna à Richepanse de se rabattre par delà la forêt sur la grande route qui mène de l'Inn à Munich, de couper en deux les Autrichiens, de pousser sur Hohenlinden tout ce qui serait devant lui dans la forêt; et au débouché de la route, sur le plateau, il plaça Ney pour y tenir

BATAILLE DE HOHENLINDEN

comme un roc. Ce qu'il pouvait prévoir arriva. Broyés entre Ney et Richepanse, les Autrichiens laissèrent dans leurs mains des drapeaux, des caissons, 97 pièces de canon et 8000 prisonniers. La bataille était gagnée. A la suite des vaincus on passa l'Inn, la Salza, la Traun.

Moreau était presque en vue de Vienne quand l'Autriche demanda la paix ; elle fut signée à Lunéville.

MARIAGE DE NEY

La victoire et la paix avaient fait accepter la Révolution du 18 brumaire. Bonaparte, en travaillant à réorganiser la France, en lui donnant des lois, en rétablissant la religion, en faisant sortir un nouvel édifice de dessous les décombres amoncelés par la Révolution, se donnait chaque jour des titres à la reconnaissance publique, et chaque jour acquérait des droits à la conservation d'un pouvoir qu'il avait pris. Mais il craignait que l'élévation si grande du général de l'armée d'Italie ne donnât quelque ombrage et n'inspirât de la jalousie aux armées du Rhin. Il s'appliquait à en gagner les chefs.

Ney, un des plus marquants, fut accueilli par lui avec une distinction toute particulière. Madame Bonaparte, qui servait autant qu'il était en elle la politique de son mari, résolut de l'attacher au premier consul par des liens de cœur que l'habitude journalière fortifierait de plus en plus : elle s'occupa de le marier.

Mme Campan, ancienne première femme de chambre, lectrice et trésorière de la reine Marie-Antoinette, avait, en 1796, au sortir de la Terreur, fondé à Saint-Germain une maison d'éducation pour les jeunes personnes. Elle avait eu d'abord pour élèves ses nièces, Mlles Auguié, dont la mère avait péri pendant la Révolution et que Mme Campan traitait comme ses filles. Ce petit noyau se grossit bien vite, et parmi ses pensionnaires Mme Campan compta Mlle de Beauharnais, la fille adoptive de Bonaparte. Hortense de Beauharnais avait pour amies les nièces de Mme Campan. Mme Bonaparte songea à l'une d'elles pour l'unir au général.

Annoncé par une lettre des plus flatteuses, Ney se présenta chez M. Auguié, au château de Grignon. Il vit Mlle Auguié, la trouva aimable, lui plut et peu après le mariage fut convenu. Le jour où il se célébra, au pied du même autel, à côté du général et de sa fiancée, étaient agenouillés un homme et une femme âgés. C'étaient deux pauvres vieillards de Grignon qui vivaient en ménage depuis cinquante ans. Ney l'avait appris : il les avait fait habiller et avait désiré qu'ils renouvelassent leur union en même temps que lui formerait la sienne. « Ce couple, disait-il, me rappellera l'humilité de mon origine et sera d'un heureux présage pour moi. »

Ney fut bien vite apprécié de sa jeune femme et de la famille où il était entré. « Le brave homme ! écrit Mme Campan ; je m'abonnerais volontiers à la moitié de ses qualités pour chacune de mes nièces ! » Et dans une autre circonstance, comme Mme Ney, déjà mère de trois fils, donnait le jour à un quatrième et paraissait contrariée de n'avoir que des garçons : « Il n'y a vraiment pas de mal, dit gaiement Mme Campan, à recommencer trois ou quatre fois des hommes comme ce bon Ney ! »

Et dans sa correspondance avec la reine Hortense elle ne cesse de la remercier, de remercier Mme Bonaparte et le premier consul de la part qu'ils ont prise à une alliance aussi heureuse.

Ney ne put donner que bien peu de temps à son bonheur. Le premier consul l'envoya en Suisse. La Révolution française, qui avait bouleversé l'Europe, n'avait pas respecté ce pays. Elle y avait trouvé les inégalités les plus choquantes, des cantons souverains, des cantons sujets, des vallées soumises à d'autres vallées et leur payant tribut : la Révolution avait tout nivelé.

Les privilégiés dépossédés s'étaient résignés un instant ; mais, à quelques revers de la France, croyant le moment venu de se rétablir, ils s'étaient levés et attaquaient le nouveau gouvernement de la Suisse. Les deux partis étaient en présence ; ils allaient en venir aux mains. Bonaparte s'interposa. Ney, par une conduite modérée mais ferme, fit accepter par tous l'acte de médiation qui contenait la volonté du premier consul et réglait le sort de la Suisse. Cette tâche terminée, il fut appelé au commandement d'un des corps rassemblés à Boulogne.

LE CAMP DE BOULOGNE. — NEY MARÉCHAL D'EMPIRE

Abandonnée de tous ses alliés sur le continent, l'Angleterre avait fait la paix à Amiens. Mais, le traité à peine signé, elle l'avait violé et, profitant de ce que, sur la foi d'une convention récente, nos vaisseaux, longtemps retenus dans nos ports, s'étaient répandus par toutes les mers, elle leur avait couru sus et les avait saisis. Il n'y avait avec une pareille ennemie qu'un seul moyen d'en finir : c'était d'aller chez elle étouffer la guerre.

La caducité impuissante du Directoire avait pu reculer devant une aussi formidable expédition ; mais Bonaparte, maître absolu de la France réorganisée et victorieuse, disposant en outre de toutes les ressources de la Hollande et de l'Espagne, pouvait l'entreprendre. 160 000 hommes vinrent se ranger sur nos côtes, de Brest au Texel, en face de l'Angleterre. L'armée d'invasion était partagée en sept corps. Ney commandait le sixième, campé à Montreuil auprès de Boulogne. On ne savait pas combien de temps les préparatifs de l'expédition et l'attente d'une occasion favorable retiendraient les troupes sur les dunes. Ney commença par les y établir commodément. Il leur fit bâtir de solides baraques de bois pour les abriter contre le froid, le vent et les orages ; ensuite il s'occupa de les instruire.

Assaillie brusquement par des masses d'ennemis, la Révolution, pour se défendre, avait jeté au-devant d'eux tout ce qu'il y avait d'hommes valides en France. Mais ces soldats improvisés n'avaient de leur état que le courage. A peine réunis en bataillons, ils avaient marché aux Prussiens, aux Autrichiens, et c'était en les culbutant, en les poussant devant eux qu'ils avaient achevé de s'organiser. Depuis, les occupations d'une lutte sans trêve ne leur avaient guère permis de remédier à ce qu'ils avaient encore de défectueux ; le moment était venu d'ajouter la théorie à la pratique de dix années de guerre.

Ney reprit les choses par les éléments. Depuis le maniement des armes jusqu'aux charges et aux feux, depuis l'école du soldat jusqu'à l'école de bataillon, il voulut que ses vétérans se rompissent à leur métier. Alors il commença avec eux l'étude des manœuvres. L'expérience lui avait prouvé qu'un petit nombre seulement étaient pratiquées et réellement utiles à la guerre. Serrer les troupes en colonne, les déployer en ligne, conversion à droite, conversion à gauche, changement de front, formation des carrés, tels furent les principaux mouvements qu'il s'appliqua à bien faire comprendre des chefs et des soldats et à ne les leur faire exécuter avec précision qu'après les avoir rendus aussi simples que possible. Il en vint à donner aux vingt-cinq ou trente mille hommes qu'il avait sous ses ordres une telle souplesse et un tel ensemble, que les montrer se mouvant sous sa tonnante voix était un spectacle qu'il était fier d'offrir à ses camarades du camp de Boulogne, les Soult, les Lannes, les Davoust, et à Bonaparte lui-même.

Cependant le premier Consul franchissait les dernières barrières qui le séparaient du pouvoir souverain. Il se faisait empereur. En même temps, pour donner plus d'éclat à sa puissance, il s'entourait d'un brillant cortège de princes, de maréchaux, de grands dignitaires. Ney fut nommé maréchal de l'empire.

Toutefois, le soin de sa grandeur n'absorbait point Napoléon. Toutes ses pensées se concentraient sur l'Angleterre; son génie n'était occupé qu'à trouver les moyens de franchir le détroit. Déjà les ports de Boulogne, de Vimereux, d'Étaples, d'Ambleteuse, agrandis ou creusés, contenaient plus de trois mille petits bâtiments, péniches, prames, chaloupes canonnières et

COMBAT NAVAL DE TRAFALGAR

autres qui n'attendaient qu'un signal pour en sortir et aller avec toute une armée se coller aux flancs de l'Angleterre. Un jour, il semble aux troupes de Ney que le signal impatiemment attendu va être donné. Prêtes à entrer en campagne, artillerie, infanterie, cavalerie sont rangées sur le môle, devant les divisions de la flottille qui doivent les recevoir. Un coup de canon retentit et, dans le silence de l'émotion, d'un bout à l'autre de la ligne frémissante court le commandement : « Garde à vous pour embarquer ! » A un second coup de canon, « Colonne en avant, marche ! » crient les chefs, et en moins de dix minutes le corps d'armée tout entier est à bord. Un troisième coup résonne : Vive l'empereur ! lui répondent les soldats, qui s'imaginent que c'est le signal de lever l'ancre : c'est au contraire celui de débarquer, et treize minutes suffisent pour les mettre à terre. Ney n'avait voulu qu'exercer ses troupes à une manœuvre d'un nouveau genre.

Les soldats déçus avaient repris avec tristesse le chemin de leur camp. Mais Ney comptait que bientôt leur désir serait satisfait. En effet le moment approchait où, dans les calculs de l'empereur, la grande entreprise à laquelle tous depuis si longtemps se préparaient, devait s'accomplir. Jamais Napoléon n'avait eu la pensée d'affronter avec sa flottille seule le passage que gardaient les flottes de l'Angleterre. Ses petits bâtiments, si nombreux qu'ils fussent, ne pouvaient lutter contre des vaisseaux de haut bord. Il voulait momentanément éloigner l'ennemi, l'entraîner par des manœuvres dans des mers lointaines, d'où, se dérobant à lui, les escadres françaises reviendraient se réunir dans la Manche. Alors, sous la protection de soixante ou quatre-vingts vaisseaux de ligne, la flottille défilerait et porterait l'armée aux côtes de l'Angleterre.

Déjà ce plan avait en partie réussi : l'amiral Villeneuve était sorti de Toulon avec l'escadre de la Méditerranée et, donnant le change à Nelson qui courait le chercher du côté d'Alexandrie et de l'Egypte, il avait franchi le détroit de Gibraltar, cinglé vers les Antilles, y avait porté des troupes et des vivres et, avant que les Anglais l'eussent rejoint, revenait vers l'Europe pour y rallier nos flottes.

Napoléon, informé de ce premier succès, était accouru à Boulogne. Pour jeter ses troupes à bord de la flottille, il n'attendait plus que l'apparition de Villeneuve, quand, au lieu du messager qui devait venir lui annoncer que l'amiral français, dissipant les croisières anglaises et débloquant successivement nos ports, entrait dans la Manche avec toutes les forces navales de la France et de l'Espagne réunies, il apprit qu'après un engagement insignifiant avec l'amiral anglais Calder, Villeneuve s'était réfugié dans le port du Ferrol, d'où il n'était sorti que pour aller s'enfermer à Cadix. A cette nouvelle Napoléon poussa un cri de colère : l'occasion était perdue et l'expédition manquée!

Dans ce moment-là même, l'Autriche, excitée par l'Angleterre, prenait une attitude menaçante et faisait mine de vouloir nous attaquer. Napoléon se retourna et tomba sur elle.

1805

ELCHINGEN

En voyant depuis trois ans s'entasser sur la côte, en face d'elle, des hommes, des chevaux, des canons et un immense matériel, en voyant les moindres ports, les moindres criques, les plus petits abris se creuser en bassins et se remplir d'une quantité presque innombrable de petits navires, l'Angleterre avait compris qu'il ne s'agissait plus là d'une de ces menaces vaines comme celles dont elle s'était ri au temps du Directoire, mais qu'un danger sérieux, le plus grand auquel elle eût encore été exposée, était suspendu sur elle.

Elle comprit qu'il suffirait d'une nuit ténébreuse, d'un jour brumeux, d'un vent d'est pour que toutes les précautions de défense dont elle s'était entourée devinssent inutiles, et que, ses vaisseaux, les gardiens et les protecteurs de ses rivages, mis en défaut, toutes ces masses d'ennemis qui avaient leurs yeux ardents fixés sur elle, enjambassent le détroit et missent à néant sa puissance : elle trembla.

Dès lors se répandirent par toute l'Europe ses émissaires, les mains pleines d'or, avec l'ordre d'acheter des ennemis à la France et de détourner, n'importe à quel prix, le péril qui empêchait tout Anglais de dormir.

Ces émissaires trouvèrent des rivalités envieuses, des vengeances à satisfaire, et ils les réunirent contre nous. L'Autriche même, dans son impatience de nous joindre, n'attendit pas la Russie qui devait la soutenir : elle entra en Bavière et se dirigea vers le Rhin.

Napoléon apprenait alors que par la faute ou l'incapacité d'un de ses amiraux son entreprise était, sinon manquée, du moins ajournée indéfiniment. Il fit appeler un de ses ministres, Daru, et, encore tout frémissant, marchant à grands pas pour fatiguer son agitation, il lui dicta un plan de campagne. Quand il eut fini : « Partez pour Paris, lui dit-il, enfermez-vous avec Dejean; préparez les mesures de détail; que pas un commis ne mette le nez dans votre besogne : du secret! » C'était le plan de campagne qui devait lui livrer, à Ulm, l'armée et le sort de l'Autriche.

Quelques jours plus tard, les 160 000 hommes de l'armée des côtes tournaient le dos à l'Océan et marchaient vers le Rhin, qu'un mois après ils franchissaient. Le sixième corps avait ordre de passer par Stuttgart; il en trouva les portes fermées : l'électeur de Wurtemberg prétendait faire respecter sa capitale. Ney, qui avait des instructions formelles, fit avancer ses canons : les portes qu'il allait enfoncer s'ouvrirent et le sixième corps continua sa marche.

L'armée française est arrivée sur le Danube ; elle traverse ce fleuve à Donawerth et à Ingolstadt, elle marche sur Augsbourg, sur Munich, et les Autrichiens, qui se sont avancés jusqu'au fond de la Bavière, trompés par quelques démonstrations de Murat dans la vallée du Rhin, l'attendent encore à la sortie des défilés de la Forêt-Noire. Mack, qui les commande, apprend tout d'un coup que Napoléon, qu'il croit devant lui, a tourné son aile droite, qu'il s'est jeté sur ses derrières et lui a coupé la retraite. Au lieu de rassembler ses troupes au plus vite et d'essayer par un vigoureux effort de se rouvrir le chemin de l'Autriche, étonné, stupéfait, il perd le temps à délibérer. Cependant les différents corps de l'armée française se resserrent et épaississent de plus en plus le réseau dans lequel l'ennemi est déjà pris. Mais les Russes, dit-on, ont passé l'Inn et s'avancent en toute hâte pour dégager les Autrichiens. Napoléon dirige contre eux deux de ses corps d'armée, se dispose lui-même à aller se mettre à leur tête et laisse à Murat le commandement des autres. Murat s'imagine que Mack, rangé derrière l'Iller et faisant face à l'Autriche, attend la bataille dans cette position : il veut la lui livrer avec toutes ses forces et il envoie au maréchal Ney, resté seul sur la rive gauche du Danube, l'ordre de traverser le fleuve et de venir le rejoindre.

Ney sent qu'abandonner la rive gauche du Danube, c'est laisser libres les routes de la Bohême et donner aux Autrichiens qu'on enveloppe et qu'on tient les moyens de s'échapper. Il en fait l'observation à Murat; Murat ne répond qu'en lui enjoignant sèchement d'obéir.

Ney est blessé, il éclate, il veut se venger, et déjà saisit la plume pour écrire la lettre de provocation d'un soldat à un soldat, quand il songe qu'il est en présence de l'ennemi. Il remet à plus tard le soin d'obtenir réparation d'une injure. Pour le moment son devoir est d'obéir; il le fait, quoique à regret, et, prenant les devants, il passe le Danube avec deux de ses divisions et commande à la troisième de le suivre. Quand cet ordre lui arrive, le général Dupont ne peut plus l'exécuter.

Les Autrichiens ont fini par sentir le danger de rester plus longtemps dans l'inaction. Chaque minute rend plus difficile la situation où ils se trouvent. Mack a formé un corps d'élite de plus de 25 000 hommes, et il l'envoie avec Werneck, un de ses principaux lieutenants, pour ouvrir de force le chemin de la Bohême. Le 11 octobre au matin, Dupont, qui s'avance sur la route d'Ulm, se heurte contre cette masse. Le combat est par trop inégal, mais reculer c'est se perdre : Dupont paye d'audace. Avec ses sept ou huit mille hommes il se jette hardiment sur l'ennemi et, toute une journée, soutient la lutte. L'ennemi lui enlève quelques canons, quelques bagages ; mais lui, il fait aux Autrichiens 3000 prisonniers et, mieux que cela, il donne à Napoléon le temps de réparer les fautes de Murat et de ressaisir, près de lui échapper, les fruits de la plus habile campagne.

En effet, tandis que les Autrichiens, ébranlés de cette résistance invincible, hésitent, Napoléon, informé des mouvements que Murat a prescrits à Ney, lui donne l'ordre de les contremander, et lui-même accourt avec Lannes et la garde. Ney et les deux divisions qu'il a avec lui se reportent vers le Danube. Quand ils arrivent devant Elchingen pour repasser le fleuve, ils y trouvent l'ennemi. Dupont, après son brillant combat d'Haslach, n'a pu sans imprudence rester en présence de toute une armée ; il s'est retiré, et derrière lui les Autrichiens ont bordé le Danube. Il faut reprendre de force un passage dont on était maître deux jours auparavant. La position à enlever est formidable. Le pont est coupé : il faut le rétablir sous la mitraille ennemie, le passer par pelotons, puis escalader une hauteur sur laquelle le village d'Elchingen est assis, emporter d'assaut des jardins, des murailles, des maisons, un vieux couvent dans lequel les Autrichiens se sont retranchés. Rien n'arrête Ney : lui-même, en grand costume et désigné à tous les coups par l'éclat de ses décorations et de ses broderies, forme ses colonnes, les enflamme par quelques mots et les lance sur les poutrelles branlantes qui réunissent les arches du pont.

Le Danube franchi, les soldats se jettent dans les jardins, dans les maisons du village, dans le couvent, chassent de partout les Autrichiens et couronnent la hauteur. Mais combattre le dos au Danube, c'est s'exposer à y être précipité. Ney fait faire un changement de front et, pivotant sur sa gauche, présente à l'ennemi une ligne perpendiculaire au fleuve.

Ses deux divisions sont réunies; Lannes, la garde débouchent; Ney fait battre la charge, enfonce les Autrichiens et les mène la baïonnette dans les reins, jusqu'aux redoutes du Michelsberg qui dominent Ulm. Le lendemain les redoutes sont enlevées : on poursuit l'ennemi jusqu'aux portes de la ville; Mack est sommé de se rendre. Enfermé, sans espoir d'être secouru, il s'y résigne. 30000 hommes, 30 000 prisonniers déposent les armes aux pieds de Napoléon et défilent devant les troupes de Ney, qui, ayant le plus contribué à la victoire, sont les premières à l'honneur.

Les Autrichiens hors de combat, Napoléon et l'armée marchèrent aux Russes.

Ney, avec deux de ses divisions, fut dirigé sur le

Tyrol. Il escalada des rochers, prit d'assaut des forts qu'on jugeait inaccessibles, chassa l'ennemi des gorges des montagnes, dégagea le flanc gauche de l'armée d'Italie, facilita sa marche et s'apprêtait lui-même à descendre des Alpes pour prendre son rang dans la grande armée, quand le coup de tonnerre d'Austerlitz détruisit la dernière espérance de l'Autriche et l'obligea à implorer la paix. Elle fut signée à Presbourg.

1806-1807

IÉNA. — FRIEDLAND

Ney était revenu auprès de sa femme et de ses enfants prendre un peu de repos. Un ordre subit le rappela à l'armée. La Prusse, à son tour, nous déclarait la guerre, et déjà ses soldats avaient passé l'Elbe et la Saale, envahissaient la Hesse et s'avançaient vers le Rhin.

La plus grande partie de nos troupes, après Austerlitz, était restée en Allemagne jusqu'aux derniers arrangements avec l'Autriche. Napoléon les dirigea de la Bavière sur la Saxe. Bientôt elles bordèrent la Saale, le dos vers Berlin, la face tournée vers la France : les Prussiens étaient coupés de leur pays. Ils voulurent ressaisir leurs communications, et regagner l'Elbe ; mais à Auerstaedt ils rencontrèrent Davoust, qui leur barra le passage, tandis que Napoléon allait les attaquer sur le plateau d'Iéna.

La bataille n'était pas encore engagée ; les deux armées étaient en présence, attendant pour se prendre corps à corps qu'un brouillard épais qui les enveloppait fût tombé. Ney alors arrivait à Iéna, mais il n'avait avec lui que son avant-garde : le reste de son corps d'armée était encore à une marche en arrière. N'importe, craignant de faire défaut à l'occasion, avec ses 3000 ou 4000 hommes, il remonte la route qui mène à Weimar, se jette dans les terres à droite et se heurte contre les 40 ou 50 000 hommes que commande le prince de Hohenlohe.

Quelle que soit la surprise, ni la résolution, ni le sang-froid du maréchal ne s'émeuvent. Il se forme en carré, et entouré, chargé, écrasé, il tient ferme jusqu'à ce que Lannes, Augereau et Soult viennent le dégager. Avec eux il se jette sur les Prussiens, les pousse sur Weimar, sur Apolda, où les débris de la colonne que Davoust a repoussée ne forment plus avec eux qu'un pêle-mêle sans nom qui se précipite dans toutes les directions.

30 000 prisonniers, 25 drapeaux, plus de 200 pièces de canon étaient déjà d'assez beaux fruits de la victoire. Ce n'était rien auprès de ceux que Napoléon allait en tirer. En effet, ne laissant pas aux Prussiens vaincus le temps de respirer, dès le lendemain de la bataille il lança toutes ses colonnes à leur poursuite, les atteignit et les prit en détail, Hohenlohe aux portes de Stettin, Blücher près de Lubeck. Des combattants d'Iéna, il n'y eut guère que le roi de Prusse qui parvint à repasser l'Oder !

Ney avait été chargé de réduire Magdebourg. Il investit cette grande place de guerre, un des boulevards de la Prusse, la bombarda, la somma de se rendre, et le vieux Kleist, avec 22 000 hommes, défila devant les 25 000 soldats de Ney, laissant dans leurs mains 54 drapeaux, 5 étendards, 800 pièces de canon, 1 000 000 de poudre, un grand équipage de pont et un matériel immense d'artillerie.

La Prusse était à bas ; mais la Russie s'avançait à son secours, comme, un an auparavant, elle était venue au secours de l'Autriche. Impatient de lui infliger un nouvel Austerlitz, Napoléon dirigea tous ses corps d'armée sur la Vistule. Engagé par des temps affreux au milieu des boues de la Pologne, il livra vainement la bataille de Pultusk, après quoi il mit ses troupes en quartiers d'hiver. L'ennemi vint l'y chercher. Napoléon marcha aux Russes; mais le carnage d'Eylau n'ayant pas encore décidé la question, il reprit ses cantonnements. Ney était établi à Guttstadt, en avant de la ligne. Au printemps, le général ennemi, espérant l'enlever, marcha sur lui. Ney manœuvra avec tant d'habileté et de précision, qu'il se replia sans être entamé. L'armée française était réunie. A son tour Napoléon prit l'offensive et, débordant la droite de Benningsen, il le prévint sur la route de Kœnigsberg, la dernière ville du roi de Prusse et qui renfermait tous les magasins des Russes.

Benningsen descendait l'Alle par la rive droite, tandis que nous en occupions la rive gauche. A Friedland, il veut se rouvrir le chemin de Kœnigsberg et passe la rivière. Lannes et Mortier, qu'il trouve devant lui, le contiennent jusqu'à ce que Ney et Victor soient arrivés. Ils n'entrent en ligne qu'à quatre heures du soir; mais c'est au mois de juin, la nuit est loin encore, la bataille s'engage. Ney est chargé du grand rôle : placé à l'extrême droite, il doit, s'enfonçant dans le coude que forme l'Alle et où la ville de Friedland est bâtie, percer jusqu'aux trois ponts de l'ennemi, les prendre, les détruire et fermer la retraite aux Russes.

Lui-même, en avant de ses colonnes, les dispose en échelons, puis, le signal donné, sans se laisser détourner ni par les attaques de droite, ni par celles de gauche, il se jette tête baissée sur Bagration, l'enfonce, aborde la garde russe, la culbute, entre derrière elle dans Friedland, la pousse sur les ponts que les Russes coupent, puis, débarrassé de l'aile gauche des Russes qu'il a précipités dans l'Alle, il revient dans Friedland, s'y établit, et quand l'aile droite des ennemis, pressée à son tour par Lannes, Mortier et Grouchy, se replie vers la ville pour repasser la rivière, elle y trouve Ney qui lui oppose un mur d'airain.

Pris entre deux feux et resserrés de plus en plus, les Russes, ne trouvant plus d'issue, vont être obligés de mettre bas les armes. Le moment fatal pour eux approche, lorsqu'on découvre un gué un peu au-dessous de la ville. Ils y courent, se jettent dans l'Alle au risque de s'y noyer, et nous abandonnent comme trophées un grand nombre de prisonniers, plusieurs drapeaux et 80 pièces de canon. Le lendemain Kœnigsberg nous ouvre ses portes.

Réfugiés derrière le Niémen, les Russes, diminués en nombre, désorganisés, démoralisés, sans magasins, presque sans vivres, n'étaient pas en état de tenter la fortune; l'empereur Alexandre proposa la paix : elle fut signée à Tilsitt.

1808-1809

NEY EN ESPAGNE. SES DÉMÊLÉS AVEC SOULT

Napoléon grandissait avec la victoire. Il élevait en même temps tous ceux qui l'entouraient. Le 15 août 1808, il fit Ney duc d'Elchingen avec 200 000 francs de revenus. Il ne croyait pas payer trop cher un dévouement auquel il faisait un appel de tous les instants. L'atroce guerre d'Espagne était commencée.

Depuis Louis XIV l'Espagne était l'alliée de la France. Napoléon s'indignait de voir les ressources de ce beau pays, mal organisé, mal administré, rester à peu près inutiles dans la lutte qu'il avait entreprise contre l'Angleterre. A ce mécontentement vint se joindre un grief. Au milieu de la guerre de Prusse, quand la fortune ne s'était pas encore prononcée, la veille d'Iéna, un manifeste imprudent du prince de la Paix, de ce favori tout-puissant du faible et débonnaire Charles IV, lui révéla l'intention de le trahir.

Dès lors il se croit dispensé d'égards envers des alliés aussi peu sûrs. Quelque temps après, des querelles de famille amènent entre ses mains, à Bayonne, Charles IV et son fils le prince des Asturies. Il profita de l'occasion pour se faire céder leurs droits et se regardant par suite comme le maître légitime

EMBARQUEMENT DES ANGLAIS A LA COROGNE

de l'Espagne, il lui donne pour roi son frère Joseph Bonaparte.

Mais les Espagnols repoussent un souverain qu'ils n'ont point choisi : ils courent aux armes, la nation tout entière se lève. Dupont et une armée française enveloppés capitulent, le danger approche de Madrid, Joseph abandonne sa capitale, les Français vont être expulsés de la Péninsule. Napoléon entre en Espagne avec les vainqueurs de Friedland.

Les Espagnols s'avançaient, les uns le long de la mer et par les montagnes de la Biscaye, les autres en remontant le cours de l'Ebre. Ils avaient le projet de se réunir sur la route qui conduit de France à Madrid par Burgos, et de la barrer.

Napoléon imagine de les anéantir à la fois et de terminer la guerre d'un seul coup. Tandis qu'il oppose aux insurgés Lefebvre d'un côté, Lannes de l'autre, lui, il perce entre leurs armées par Burgos et de là dirige Victor à droite, Ney à gauche pour tourner les Espagnols et les couper de leur ligne de retraite. Ni l'un ni l'autre n'arrivent à temps. Lefebvre et Lannes attaquent l'ennemi et le battent avant que leurs camarades soient à portée de recueillir les fruits de la victoire. Les Espagnols ne sont que dispersés.

Pendant ce temps Napoléon avait forcé le défilé de Sommo-Sierra et était entré à Madrid. Ney vint l'y rejoindre. Alors on apprit que l'armée anglaise, qui quelques mois auparavant avait contraint Junot à évacuer le Portugal, s'avançait dans la Vieille-Castille. Napoléon franchit le Guadarrama pour aller à elle : les Anglais ne l'attendirent pas, ils se retirèrent précipitamment sur la Corogne. Napoléon lança à leur poursuite Soult et Ney et revint en France pour surveiller l'Autriche, qui, comme en 1805, paraissait vouloir le tirer en arrière au moment où il allait frapper les Anglais.

Soult n'atteignit l'ennemi qu'à la Corogne, au moment où il se rembarquait. Il l'attaqua aussitôt, mais les Anglais montèrent sur leurs vaisseaux et lui échappèrent. De là Soult se dirigea vers le Portugal, qu'il avait ordre de conquérir.

Ney l'avait remplacé en Galice. Descendant des montagnes au bord de la mer, il s'emparait des places et des ports qui renferment les arsenaux et les chantiers de construction de l'Espagne, quand il apprit que des nuées d'insurgés s'étaient répandues sur ses communications et interceptaient la route de Madrid. Ney se retourna, la rouvrit, rejeta les Espagnols dans les montagnes des Asturies, les y poursuivit et les culbuta dans la mer.

En rentrant en Galice, il y trouva le maréchal Soult. Son expédition de Portugal avait été des plus désastreuses. Surpris dans Oporto par Wellington et l'armée anglaise, il avait été obligé de faire une retraite précipitée au travers des populations soulevées et par les chemins impraticables des montagnes. Il y avait perdu tout son matériel. Il revenait en Galice sans une voiture, sans un canon, sans un caisson. Ney, en bon camarade, s'empressa de lui ouvrir ses magasins et de lui fournir tout ce qui lui manquait pour remettre en état son corps d'armée. En échange de ce service, il demanda à Soult de l'aider dans une entreprise qu'il avait à cœur.

Les Anglais s'étaient établis à Vigo dans une position que la nature avait déjà fortifiée et que par des travaux de chaque jour ils rendaient formidable. Ney voulait les en chasser. Mais il avait à craindre, au moment où il monterait à l'assaut des retranchements ennemis, d'être pris à dos par le marquis de la Romana, qui, avec une armée d'insurgés, occupait la vallée du Minho.

Son corps d'armée était trop faible pour tenir tête à deux ennemis à la fois. Il ne demandait au maréchal Soult que d'occuper la Romana tandis qu'il enlèverait Vigo. Soult le promit et même s'y engagea par écrit. Alors, plein de confiance, Ney se mit en marche le long de la côte, forçant le passage des rivières et débusquant les Espagnols des gorges qu'ils occupaient. Arrivé devant Vigo, il n'attendait plus pour lancer ses colonnes d'assaut que l'approche du maréchal Soult, lorsqu'il reçut une dépêche qui commença à lui donner quelques soupçons. Soult avait ordonné d'évacuer ses malades et ses blessés, que Ney avait reçus dans ses hôpitaux, de Lugo sur Zamora, et il avait recommandé de le faire à l'insu du maréchal. Pourquoi donc ces précautions? pourquoi ce secret? Ney écrivit à Soult : il ne reçut pas de réponse, et bientôt il apprit que son collègue avait quitté la vallée du Minho, avait passé dans celle du Duero et de là se portait vers le Tage. Ainsi la Romana était libre : il pouvait attaquer les troupes de Ney. Avec la crainte de le voir apparaître sur ses derrières au moment où il s'y attendrait le moins, le maréchal ne pouvait plus rien contre Vigo : il se retira. Arrivé à Lugo, il ne se crut plus même en sûreté dans cette position. Si, en effet, les Anglais, qui avaient suivi dans leur déroute les troupes du maréchal Soult jusqu'au bord du Minho, ne s'inquiétant pas du nouveau mouvement de l'armée de Portugal sur leurs flancs, la laissaient descendre vers le Tage et eux, passant le Minho, se joignaient à la Romana, puis, avec la masse énorme de toutes leurs forces réunies, se portaient par les montagnes sur la route de Madrid, il ne resterait plus, aux Français, enfermés dans la Galice, qu'à se rouvrir le chemin par la force ou à mettre bas les armes. Lui, Ney, capituler comme Dupont à Baylen ! Non ; il serait plutôt mort mille fois ; mais la prudence ne voulait pas que l'on s'exposât à un si ignominieux danger : le maréchal repassa les montagnes et revint à Astorga, ramenant jusqu'aux malades du maréchal Soult.

Mais Napoléon lui avait donné l'ordre de conquérir et de garder la Galice, et il venait de l'abandonner ! Ney fit partir son chef d'état-major Jomini pour aller expliquer sa conduite à l'empereur, qui était alors au cœur de l'Autriche.

Ney comptait que non seulement Jomini le justifierait, en exposant la situation des choses, mais encore qu'il se ferait l'écho des bruits qui avaient couru en Galice au retour de l'armée de Portugal. En effet, on accusait le maréchal Soult d'avoir voulu se faire roi d'Oporto, d'avoir, par une condescendance coupable, laissé se relâcher les liens de la discipline, se former des complots, et d'avoir, par suite de tous ces désordres, attiré sur lui une surprise désastreuse. Ney espérait que son chef d'état-major perdrait Soult et le vengerait. Au lieu de voir son rival tomber en disgrâce, Ney reçut l'ordre de lui obéir.

Napoléon, à Vienne, ne connaissant rien de ce qui se passait dans le nord de l'Espagne, venait de réunir toutes les troupes qui y combattaient sous un seul commandement, et il en avait investi le maréchal Soult. A cette nouvelle, Ney ne put contenir sa fougue. Il jura qu'il n'y avait pas de puissance au monde capable de le faire servir sous un homme qu'il méprisait, qu'il haïssait, et, malgré toutes les représentations, laissant là ses troupes, il partit sans autorisation, sans congé, pour aller à Madrid demander justice au roi Joseph. Marchant à petites journées, il venait d'ariver à Valladolid et de se mettre à table, lorsqu'un courrier lui apporta une dépêche du maréchal Soult. « Comment, mon cousin, lui écrivait Soult, vous vous en allez quand j'appelle votre corps d'armée sur le Tage et qu'avant huit jours nous nous battrons contre les Anglais, qui marchent en force sur Madrid?... » Il n'en fallut pas davantage pour faire changer toutes les résolutions de Ney. « J'obéis, » répondit-il, et, prenant à peine le temps d'achever son repas, il courut en poste rejoindre ses soldats. Quelques jours après, à leur tête, il franchissait les montagnes qui séparent la vallée du Duero de celle du Tage.

Wellington, qui avait déjà devant lui le roi Joseph avec environ 40 000 hommes, allait être pris à dos par les 60 000 qu'amenait Soult, et se trouver dans la situation la plus critique. Joseph, par trop de précipitation, perdit un succès qui semblait assuré. Il attaqua les Anglais à Talavera avant que Soult fût à portée de le soutenir, et, n'ayant pu les forcer dans cette position, il battit en retraite sur Madrid. Wellington, quoique victorieux, ne crut pas devoir attendre Soult et repassa le Tage; on ne lui enleva que quelques prisonniers, des bagages et du canon.

Ney était revenu dans l'espoir qu'on livrerait bataille, la bataille lui échappait. Déçu, mécontent, il ne voulut pas rester plus longtemps sur les bords du Tage : sous prétexte que ses troupes, dans une contrée affamée, ne trouvaient pas de quoi vivre, il prévint le maréchal Soult qu'il allait les ramener dans leurs anciens cantonnements; sans s'inquiéter de savoir s'il y consentait ou non, il partit, força le col de Banos, réoccupé par les insurgés espagnols, et revint aux environs de Salamanque.

Soult, pendant les quelques jours qu'ils avaient passés ensemble, avait essayé d'expliquer à Ney la conduite qu'il avait tenue en Galice; il se flattait d'avoir dissipé les préventions et calmé les ressentiments dans l'esprit de son collègue. Mais ces deux hommes s'étaient trop grièvement blessés pour s'entendre désormais, outre qu'entre eux, en supposant que le passé fût oublié, il y avait une cause permanente de discorde : c'est que l'un commandait à l'autre.

Leur réunion forcée ne pouvait qu'amener des tiraillements nuisibles à la bonne conduite de la guerre. Le roi Joseph le sentit; il appela Ney à Madrid et lui offrit le commandement des troupes du maréchal Victor, dont il avait à se plaindre depuis la bataille de Talavera.

Ney, que l'ombre d'une injustice pour lui-même révoltait, n'avait garde de contribuer indirectement à celle qui aurait pu atteindre un de ses frères d'armes : il refusa. Malgré ce refus, dont le motif du reste était respectable, Ney avait été invité à dîner chez le roi. Pendant le repas Joseph reçut une lettre de l'Empereur. Napoléon, mécontent de la manière dont étaient menées les affaires en Espagne, rappelait le maréchal Jourdan, le conseiller du roi, et à sa place nommait Soult major-général. S'il restait en Espagne, Ney ne pouvait donc échapper à une autorité qu'il détestait. De retour à son hôtel, il fit en toute hâte ses préparatifs et partit pour la France.

NEY EN PORTUGAL. — SES QUERELLES AVEC MASSÉNA

« Je quitte cet odieux pays pour n'y plus revenir, » avait dit, en s'éloignant de Madrid, le superbe et indocile maréchal, et à peine était-il arrivé à Paris, qu'il recevait de Napoléon l'ordre d'en repartir dans les vingt-quatre heures : ses troupes venaient d'être battues aux environs de Salamanque, et on le rendait responsable de leur défaite. Avec Napoléon il n'y avait pas à discuter : Ney reprit sans mot dire la route de l'Espagne.

L'Empereur, débarrassé de l'Autriche qu'il avait terrassée à Wagram, maître de la Prusse, en paix avec la Russie, sûr par conséquent que de quelque temps aucune des grandes puissances de l'Europe ne se jetterait à la traverse de ses projets, songeait à donner enfin à l'Espagne le dernier coup : il y faisait passer de nouvelles troupes, il y envoyait sa garde, il réunissait dans les provinces du nord une imposante armée, il annonçait l'intention d'en venir prendre lui-même le commandement. Mais, retenu à Paris par les circonstances, son divorce avec Joséphine, son mariage avec Marie-Louise, il confia au plus illustre de ses lieutenants, à Masséna, qui dans la dernière campagne avait encore ajouté à sa vieille gloire, le soin d'entrer en Portugal, d'en chasser les Anglais qui l'occupaient et de les poursuivre jusqu'à ce qu'il les eût précipités dans la mer.

Ney, s'il ne lui était pas permis de diriger ses troupes à son gré, s'était flatté du moins de n'obéir qu'à l'Empereur. La nomination de Masséna au commandement de l'armée de Portugal lui causa un vif déplaisir. Il vint en grondant, de Salamanque à Valladolid, faire sa visite à son nouveau chef.

Sa mauvaise humeur perçait aux yeux de tous : Masséna eut le bon esprit de n'y pas faire attention. Mais quelques jours après, lorsque lui-même alla voir à son tour le maréchal Ney et que, dans cette nouvelle entrevue, il fut question des opérations à entreprendre, Ney ne put se contraindre. Il parla avec amertume, avec hauteur, ne prêtant qu'une oreille distraite et dédaigneuse aux observations du vainqueur de Zurich.

Masséna en fut vivement blessé. « Comment voulez-vous, disait-il à son retour à Valladolid, comment voulez-vous que je fasse de la bonne besogne avec un homme comme ce Michel Ney?... Un homme qui a l'air de me prendre pour un radoteur! qui n'écoute pas quand je lui parle !... » Et il ajoutait qu'il avait été sur le point de répondre à ces impertinences par un soufflet, sauf à offrir une réparation par les armes. Entre deux hommes d'un caractère aussi entier, aussi inflexible, la mésintelligence, du moment qu'ils s'étaient heurtés, ne devait plus que s'accroître. Chaque jour, chaque occasion allait la développer.

La campagne devait s'ouvrir par le siège de Ciudad-Rodrigo. Ney en était chargé. Masséna lui envoya pour diriger les opérations le colonel du génie Valazé. Ney ne voulut pas le recevoir. Il n'avait rien à lui reprocher, mais il avait ses officiers, et le prince d'Essling, tout prince qu'il était, disait-il, n'avait pas le droit de désorganiser son état-major. Quand Masséna apprit ces détails de Valazé lui-même, qui était revenu à Valladolid, il entra dans une violente colère. Il ne parlait de rien moins que de renvoyer Ney en France.

« Vous verrez, vous verrez, s'écriait-il, que cet orgueilleux-là nous fera manquer toutes nos opérations par son entêtement et sa sotte vanité, » et il fit repartir Valazé pour le camp du maréchal. En le revoyant, Ney à son tour s'emporta, et non content de se laisser aller à un flux de paroles blessantes pour son chef, il lui écrivit la curieuse lettre que voici :

« Monsieur le maréchal,

« Je suis duc et maréchal d'empire comme vous : quant à votre titre de prince d'Essling, il n'a d'importance qu'aux Tuileries. Vous me dites que vous êtes le général en chef de l'armée de Portugal... Je ne le sais que trop... Aussi, lorsque vous ordonnerez à Michel Ney de conduire ses troupes à l'ennemi, vous verrez comme il vous obéira. Mais lorsqu'il vous plaît de bouleverser l'état-major de l'armée formé par le prince de Neufchâtel, vous comprenez que je n'écoute pas plus vos ordres que je ne crains vos menaces... Adieu, Monsieur le maréchal, je vous estime, et vous le savez... vous m'estimez, et je le sais... Que diable! n'allons pas mettre la zizanie entre nous pour un caprice. Car enfin, comment voulez-vous savoir si votre petit homme lance une bombe mieux que ma vieille moustache, qui est, je vous l'assure, un solide garçon? On dit que le vôtre danse bien, tant mieux pour lui : mais ce n'est pas une raison pour qu'il fasse danser ces enragés d'Espagnols, et c'est ce qu'il nous faut... »

Masséna, dans ce déplorable conflit, ne pouvait pas reculer. Il partit pour Ciudad-Rodrigo, et sous ses yeux Valazé dirigea le siège. La ville, accablée sous les bombes, n'avait plus une seule maison dont le toit ne fût ouvert de part en part : des pans de murailles étaient tombés, une large brèche était ouverte, Ney lança ses colonnes d'assaut. Elles atteignaient le pied des remparts, le drapeau blanc parut. Le gouverneur de la place s'avança, et Ney accorda à ses troupes les honneurs mérités par une belle défense. Ciudad-Rodrigo pris, c'était le tour d'Alméida; on l'investit. La garnison s'apprêtait à résister avec énergie; mais le jour où les batteries démasquées commencèrent le feu, le magasin à poudre sauta, démantelant la place. Il fallut se rendre. Nulle barrière ne fermait désormais la route du Portugal. Masséna s'y engagea avec son armée, partagée en trois corps sous Ney, Junot et Reynier. Les Anglais, que commandait Wellington, se retirèrent devant lui. Arrivés dans le fond de la vallée du Mondégo, les Français aperçurent tout à coup, en face d'eux, sur une crête de hauteurs qui allaient barrant la route de Coïmbre, les Anglais solidement établis. Pour les en débusquer, Ney à droite, Reynier à gauche gravirent les pentes abruptes de la montagne de Busaco, sous le feu plongeant de l'ennemi, et parvinrent jusqu'aux Anglais. Mais leurs soldats, abordant tout rompus et haletants, des masses reposées et compactes, y causèrent à peine un moment d'ébranlement et furent eux-mêmes précipités du haut en bas de la montagne. Il semblait impossible à la bravoure la plus audacieuse de forcer un si redoutable obstacle. Les chefs délibéraient sur le parti à prendre, quand la cavalerie, envoyée en reconnaissance sur la droite, découvrit un chemin ignoré qui tournait la position des Anglais. On le prit pendant la nuit, et Wellington, menacé sur sa ligne de retraite, décampa. Entrés derriére lui à Coïmbre, les Français le serraient de près et espéraient le joindre, lorsqu'ils le virent disparaître avec ses troupes derrière une série de collines couronnées et reliées entre elles par des ouvrages. On s'en approcha, et de tous ces ouvrages éclatèrent des batteries qui couvrirent la terre d'une grêle de boulets : c'étaient les fameuses lignes de Torrès-Védras.

Depuis longtemps Wellington prévoyait que Napoléon tenterait, pour le chasser du Portugal, un effort décisif. Il s'était préparé à le soutenir. Sur le promontoire auquel est adossée Lisbonne, promontoire entouré par l'Océan à l'ouest et par le Tage au midi, il avait établi trois lignes successives de défense, composées de redoutes élevées par toute la population disponible du pays et armées de tous les canons que renfermaient les arsenaux du Portugal. Dans ces ouvrages il avait placé pour les défendre de nombreuses milices, et lui-même se tenait derrière ces milices avec une armée régulière de 50 000 Anglo-Portugais. Si les Français, malgré ces obstacles accumulés, parvenaient à forcer la première ligne, Wellington se retirerait dans la seconde, et la seconde cédant, il trouverait encore dans la troisième une sorte de réduit, et enfin la flotte anglaise prête à le recueillir. Le pire qui pût lui arriver, ce serait d'être obligé d'évacuer le Portugal. Mais Masséna n'était pas en état de l'y contraindre. Entré en campagne avec environ 60 000 hommes, le siège de Ciudad-Rodrigo, celui d'Alméida, les garnisons qu'il avait fallu laisser dans ces deux places, la bataille de Busaco, les fatigues d'une longue route, les privations, les maladies ne lui avaient pas même laissé 45 000 combattants. Il était par conséquent déjà inférieur en nombre aux Anglais; de plus, dans une contrée montagneuse où les routes étaient à peine tracées, les transports difficiles, les attelages rares, Masséna n'avait pu traîner avec lui qu'une petite quantité de munitions, et le pays qu'il avait ouvert en passant s'étant refermé derrière lui : il n'avait aucun moyen de les remplacer. Attaquer dans de pareilles conditions, c'était s'exposer à un désastre et, d'un autre côté, battre en retraite, c'était aller contre les ordres formels de l'Empereur et donner aux Anglais une force morale qui, d'eux se communiquant aux Espagnols et à l'Europe, pouvait amener sur l'Empire un formidable péril. Le mieux était de rester immobile, mais menaçant, devant Wellington, jusqu'à ce que Napoléon, informé de l'état où on se trouvait, dirigeât sur l'armée de Portugal des secours d'hommes et de munitions qui lui permettraient d'affronter avec chance de réussir les redoutables ouvrages des Anglais. Masséna fit partir le général Foy pour la France et distribua ses troupes dans des cantonnements à portée de se soutenir les unes les autres.

Ney, à cheval sur le dos des montagnes qui séparent le versant de l'Océan du bassin du Tage, dans une contrée dont toutes les ressources avaient été déjà épuisées par les Anglais et qui, sur les ordres pressants de Wellington, avait été évacuée, dévastée et brûlée par les Portugais eux-mêmes, obligé pour nourrir ses troupes d'envoyer au loin des bataillons de maraudeurs, faisait pour vivre au jour le jour des efforts inouïs, quand enfin le général Foy, envoyé auprès de l'Empereur, revint à l'armée de Portugal.

Ordre avait été donné à Drouet d'Erlon, qui rassemblait un corps d'armée dans la Vieille-Castille, d'entrer sur-le-champ en Portugal pour rejoindre Masséna, et au maréchal Soult de se diriger avec une portion de l'armée du midi, par l'Estramadure sur le Tage, d'y donner la main à l'armée de Portugal, de l'aider à établir des ponts sur le fleuve; une fois la jonction faite, ils se jetteraient ensemble sur les Anglais.

A ces nouvelles, les soldats de Masséna, que les privations de toutes sortes avaient mis à bout, se résignèrent pourtant à souffrir encore, dans l'espoir que leur constance serait récompensée par le succès. Mais Drouet d'Erlon, au lieu des 20 000 ou 30 000 hommes de renfort qu'il devait amener, n'en amena que 8 000 ou 10 000, sans une mesure de blé, sans un biscuit, sans une cartouche; et encore voulait-il s'en retourner tout de suite, sous prétexte que son rôle à lui était non de soutenir l'armée de Portugal, mais de maintenir libres les communications avec l'Espagne.

Quant à Soult, il s'était arrêté devant Badajoz et en faisait le siège, tandis que l'armée de Portugal, qui avait dévoré tout le pays où elle campait depuis près de cinq mois, comptait avec anxiété les minutes qui la séparaient du jour où, transportée de l'autre côté du Tage, elle pourrait se rétablir dans les plaines fertiles de l'Alentejo.

A la fin, comme Drouet d'Erlon voulait repartir, que Soult n'apparaissait pas et ne donnait de lui aucune nouvelle, Masséna, contraint d'ailleurs faute de vivres d'abandonner ses positions, prit le parti de battre en retraite. Jusque-là Ney, désapprouvant, frondant, critiquant, se faisant le centre et l'appui de tous les mécontentements de l'armée, n'avait été pour le général en chef qu'un obstacle, un embarras et la source des contrariétés les plus irritantes; le moment était venu où par de vrais services il allait réparer les fautes d'une indiscipline coupable. Placé

RETRAITE DE L'ARMÉE FRANÇAISE

à l'arrière-garde, c'est à lui que fut confié le soin de couvrir toute l'armée.

A Redinha, le 12 mars 1811, Ney, avec une faible division et trois régiments de cavalerie réduits au plus mince effectif, à la tête de 7000 ou 8000 hommes, attend 25000 Anglais qui le poursuivent depuis le matin et avec lesquels il a eu déjà de fréquents engagements. Il est déployé sur deux lignes, au sommet d'un plateau qui s'élève en pente insensible jusqu'aux collines qui bordent le ravin où court un affluent du Mondégo, la Soure. Ney, du point où il est placé, dominant tous les mouvements de l'ennemi, voit les Anglais se former et s'avancer par leur droite, de manière à le tourner et à occuper le chemin par où lui-même compte se retirer. Il ne s'en émeut pas. Quand ils sont à portée, il les couvre de mitraille, puis il lance sur eux plusieurs bataillons, la baïonnette croisée. Les Anglais sont refoulés au pied de la hauteur. Wellington, pour dégager sa droite, fait avancer le centre. Ney encore le laisse approcher, l'accueille par la mitraille et la fusillade, l'aborde ensuite à l'arme blanche, le pousse au bas du plateau dans un désordre qui pourrait se changer en déroute; mais Ney, qui n'a pas de réserve, craint de laisser ses soldats s'engager à fond : il les ramène à leur position. Wellington est piqué : il ne veut pas laisser l'honneur des armes à des adversaires si inférieurs en nombre; il reforme ses soldats et les reporte en masse à l'assaut de la hauteur. Pour Ney, qui n'a voulu que retarder la poursuite de l'ennemi, c'est le moment de se retirer; ses régiments, calmes et réguliers comme à la parade, défilent avec aplomb devant les Anglais, sur lesquels ils épuisent leurs feux; puis, se serrant derrière leurs canons, descendent le chemin qui les amène au bord de la Soure. Wellington les y suit, mais quand il veut franchir cette rivière, il est arrêté court. C'est sa seconde division, que Ney y a rangée pour le recueillir en cas de malheur, qui commence sur les Anglais un feu violent. Wellington est obligé de lâcher son ennemi.

Deux jours après, au sortir des défilés de Condeixa, dans la plaine accidentée qui s'étend de Castel-Nuovo à Ponte de Murcello, Ney dispose en échelons les troupes qu'il a sous son commandement, attend l'ennemi dans des positions bien choisies, fait sur lui des décharges meurtrières, et, au moment où des forces supérieures le pressent et vont le saisir, se dérobe habilement pour aller, à quelques centaines de pas plus loin, se reformer derrière des troupes fraîches et recommencer une lutte qui, au prix d'efforts sanglants et d'un temps précieux, ne vaut à l'ennemi que la conquête d'un terrain que les Français eux-mêmes, n'ayant plus d'intérêt à le défendre, lui abandonnent. Le lendemain Wellington s'aperçoit que le maréchal a laissé en deçà de la petite rivière la Ceyra deux de ses divisions, tandis que le gros de l'armée de Portugal est déjà en retraite et ne peut plus les soutenir. Il espère qu'enfin s'offre à lui l'occasion désirée de prendre une éclatante revanche. Il fait envelopper les troupes de Ney et y répand déjà quelque trouble, quand le maréchal accourt, remplit ses soldats de son ferme courage, les reporte en avant, culbute les Anglais, puis défile fièrement devant eux sans qu'ils osent troubler sa retraite.

Wellington avait appris à quel homme il avait affaire. Désespérant d'entamer une armée dont Ney commandait l'arrière-garde, il s'arrêta et laissa les Français rentrer tranquillement en Espagne. Masséna avait ramené aux environs d'Alméida son armée intacte, et de plus respectée des Anglais. Mais le héros de Rivoli, de Zurich, de Gênes, d'Essling et de tant d'autres batailles était triste. Pour la première fois il n'avait pas réussi dans une expédition. Aussi ne voulait-il que laisser respirer ses troupes et reprendre, par un autre côté, sa tâche inachevée. Après trois ou quatre jours de repos seulement, il ordonna à ses lieutenants de se débarrasser des hommes faibles ou malades, de remplacer les munitions épuisées et de se préparer à passer dans la vallée du Tage pour reprendre la route de Lisbonne.

A la nouvelle qu'ils allaient rentrer dans un pays où ils avaient déjà tant souffert et que par suite ils avaient pris en haine, soldats et chefs murmurèrent. Ney, se faisant l'interprète du mécontentement de tous, écrivit à Masséna une lettre dans laquelle il lui demandait communication des ordres qui condamnaient l'armée de Portugal à des fatigues et à des privations qu'elle n'était pas encore en état de supporter. Masséna lui enjoignit de désavouer sur-le-champ cette lettre d'insubordination. Ney refusa. Alors Masséna lui ôta son commandement et défendit à son armée de continuer à lui obéir. Ney, cette fois, céda et partit pour la France. Peu après, pour délivrer Alméida menacé, Masséna livrait à Wellington la bataille de Fuentès d'Onoro, et dans cette journée indécise il avait plus d'une occasion de regretter le lieutenant indocile, mais énergique, qui, tenant le commandement d'une main ferme, faisait des forces individuelles d'un corps d'armée un faisceau invincible, et qui, en quelque endroit d'une ligne ennemie qu'il donnât, la perçait et enlevait la victoire.

NEY A LA COUR

En toute autre circonstance Ney aurait pu craindre de se présenter devant le maître que tous redoutaient. Mais la faveur de Masséna s'était évanouie avec sa fortune. Napoléon, qui aurait dû n'attribuer qu'à lui l'échec de son lieutenant, puisque en l'envoyant affronter des obstacles il ne lui avait pas donné le moyen de les vaincre, n'était peut-être pas fâché, pour se justifier à ses propres yeux, de trouver des torts au vieux maréchal. Il écouta les explications de Ney et ne lui tint pas rigueur d'une insubordination qui, si elle avait été rachetée par de grands services, n'en avait pas moins été d'un exemple dangereux.

Ney passa en France la plus grande partie de l'année 1811. Ce fut, au milieu de sa vie si agitée, une sorte de halte bien précieuse et remplie par des joies que rarement il lui était donné de goûter. Il vivait auprès de sa femme et de ses enfants; il voyait grandir ses fils; il assistait au développement de leur intelligence, leur apprenait lui-même à parler allemand, et, se faisant jeune avec eux, prenait part à leurs jeux, dans la chambre et sous les yeux de leur mère.

Il ne s'arrachait à cet intérieur si attachant que quand des devoirs impérieux le contraignaient d'aller faire à la cour des apparitions qui contrariaient toutes ses habitudes.

Napoléon, depuis son mariage avec une archiduchesse d'Autriche, redoublait de sévérité pour l'observation rigoureuse des plus minces prescriptions de l'étiquette. Il voulait que tous les hommes qui paraissaient devant l'impératrice fussent en costume de cérémonie ou, comme on le disait alors, en habit habillé, à la française. Rien jusque-là, pas même l'exemple de ses camarades, n'avait pu décider le maréchal Ney à prendre un costume qui, disait-il, ne lui convenait pas.

Le 25 avril était le jour de fête de l'impératrice. Napoléon décida que ce serait à Trianon que Marie-Louise recevrait les hommages de la cour. La maréchale Ney s'entendit avec la duchesse d'Abrantès et une ou deux dames de leurs amies pour aller dîner à Versailles et de là se rendre tout fraîchement parées à Trianon. Leurs maris les accompagneraient.

Le repas avait été des plus joyeux. Junot et Ney, heureux d'avoir échappé aux misères de la guerre d'Espagne, avaient fait assaut de gaîté et d'entrain. Ney continuait de se livrer à la verve de sa causerie, lorsque la maréchale s'approcha de lui, et de sa voix la plus caressante :

« Mon ami, lui dit-elle, nous n'avons pas de temps à perdre... s'il y avait quelque chose à faire à ton habit?

—Quelque chose à faire à mon habit? reprend Ney; je l'ai mis hier pour aller dîner chez l'archichancelier.

— Mais, mon ami, ce n'est pas celui-là. Tu sais que l'Empereur veut que vous portiez tous des habits à la française, et tu dois...

— Comment! s'écrie le maréchal, c'est encore de cette mascarade que tu veux me parler! Bien certainement je ne m'en affublerai jamais : je me suis prononcé là-dessus... Je ne veux pas avoir la tournure ridicule de tant d'autres dont je me suis moqué.

— Mais, mon ami, c'est impossible, l'Empereur..,

— Eh bien! l'Empereur, que veut-il? que les manufactures de Lyon, que les ateliers de broderie travaillent, n'est-ce pas? J'achèterai dix habits habillés, s'il le veut, mais qu'il me les fasse porter, par Dieu! c'est une autre affaire!... »

Cependant la maréchale Ney n'avait pas encore perdu tout espoir : elle alla chercher sa femme de chambre avec l'habit habillé.

Il était de bon goût, dit la duchesse d'Abrantès, quoique d'une couleur un peu claire, avec des recherches de fleurs, des bouquets de boutons de roses et des bluets qui n'étaient guère en harmonie avec le caractère du maréchal.

Néanmoins, ceux qui étaient là crurent poli de se faire les auxiliaires de la maréchale, et tous ensemble pressaient Ney de le revêtir. Lui, poussé à bout, courut à la femme de chambre, lui saisit les deux bras, les lui passa dans les manches de l'habit et, la plaçant en montre à quelques pas, demanda si c'était sérieusement qu'on lui conseillait de s'affubler d'une pareille toilette de mardi-gras.

A ce moment entrait Junot revêtu d'un magnifique habit à la française. Ce fut un coup de théâtre. Ney, se retournant vers lui: « Comment, lui dit-il, comment tu consens à porter ce harnais-là?... Oh! Junot! »

Et tandis que Junot cherchait à se disculper en disant que depuis plusieurs années il avait l'habitude de se présenter de la sorte aux grandes réceptions de la cour, Ney le regardait les mains croisées et avec l'air d'une profonde commisération.

Quant à lui, rien ne put l'amener à prendre un costume qui lui semblait grotesque, et il porta à Trianon son uniforme tout brodé d'or, qui si souvent avait relui aux yeux de l'ennemi.

Le soin de sa dignité, soin respectable lors même qu'il s'applique à de petites choses, n'était peut-être pas le seul sentiment qui alors fît braver au maréchal Ney la volonté bien manifeste de l'Empereur. Il avait passé sa jeunesse aux armées de Sambre-et-Meuse et du Rhin. Dans ces armées si braves et en même temps si austères, l'exemple, longtemps offert à ses yeux et encore présent à sa mémoire, de la simplicité républicaine devait le mettre en garde contre des usages renouvelés de l'ancienne monarchie et les lui faire repousser. Fidèle, en effet, à l'esprit des temps d'une grande partie de sa vie, Ney voyait avec peine tout ce qui blessait l'égalité, ce principe si hautement proclamé et si victorieusement défendu par la Révolution. Il n'accueillait qu'avec humeur cette foule de jeunes gens dont Berthier remplissait les états-majors et qui ne devaient leurs places qu'à la faveur.

Un jour que plusieurs d'entre eux parlaient des richesses de leur famille, des sommes d'argent par lesquelles leurs parents subvenaient à leurs plaisirs, Ney, qui les entendait : « J'étais moins heureux que vous, messieurs, leur dit-il ; je n'ai jamais rien reçu de ma famille : je me croyais riche quand j'avais à Metz deux pains sur la planche. »

Loin de chercher à les cacher, Ney était fier de ces humbles et rudes commencements de sa glorieuse carrière. Le soir du jour où il avait été fait maréchal, il y avait chez lui nombreuse réunion. On l'entourait, on le félicitait ; Ney, apercevant un vieux soldat qui se tenait à l'écart, alla à lui :

« Vous rappelez-vous, capitaine, le temps où vous me disiez, lorsque je venais vous faire mon rapport : « Bien, Ney, je suis content de toi : continue, tu feras ton chemin. » — Parfaitement, monsieur le maréchal, reprit le vieux soldat, j'avais alors l'honneur de commander un homme qui valait mieux que moi. »

Fils de ses œuvres, Ney tendait volontiers la main à qui s'élevait par lui-même. Son appui, du moment qu'il en avait jugé quelqu'un digne, ne lui faisait jamais défaut. Ney soutenait son protégé avec autant de persistance et d'opiniâtreté qu'il en mettait à disputer un champ de bataille. C'était une victoire d'un nouveau genre à remporter.

Pendant la campagne de Hohenlinden, Ney avait distingué un capitaine de la 103e. Il voulait qu'on lui confiât le commandement de la demi-brigade. Mais Moreau et Lahorie, son chef d'état-major, prévenus contre cet officier, éludaient la demande que Ney leur avait faite. Alors, rassemblant les compagnies de grenadiers de la 103e, il en donna le commandement à celui que repoussait un mauvais vouloir évident, et à la fin, devant des succès éclatants et renouvelés, tombèrent toutes les résistances : le capitaine fut fait chef de brigade.

En Suisse Ney avait rencontré un autre officier de mérite : il l'avait attaché à sa personne. Aux connaissances de l'état-major le commandant Jomini joignait le goût des études militaires et cherchait, en rapprochant et en comparant les campagnes des grands capitaines, à formuler en théorie l'art de diriger les armées. Ney l'encourageait dans ses travaux; il lui fournit les moyens d'en publier les résultats, et l'auteur des *Grandes opérations militaires*, de l'histoire *des Guerres de la Révolution*, lui doit en partie ses succès.

La justice autant que la sympathie portait Ney à produire au jour quiconque montrait de la bravoure, du caractère ou du talent. La justice, en effet, était le fond de sa nature. Soldat, elle se traduisait pour lui en un respect austère de ce qui appartenait aux vaincus.

Cette justice se changeait en sévérité impitoyable à l'égard de quiconque, parmi ses subordonnés, abusant de la victoire, prenait ce qui était à sa convenance ou s'enrichissait aux dépens de l'armée.

Un général avait volé des chevaux à un paysan. Ney lui enjoignit durement de rendre ce qu'il avait pris. Le général hésitait à le faire et de plus se plaignait des termes dans lesquels Ney le lui ordonnait.

« Si mon apostille vous paraît étrange, lui écrit le maréchal, que doit me paraître à moi l'obstination que vous mettez à retenir ce qui ne vous appartient pas? Votre manière de faire ne saurait me convenir : j'ai demandé votre changement; vous serez sans doute incessamment appelé dans une autre division, mais restituez. »

Un autre, un de ceux qui avaient rendu le plus de services pendant la ampagne de 1805 et qui peut-être comptait sur ces services pour se faire absoudre, avait détourné, sur les fonds qui lui étaient attribués pour l'entretien de ses troupes, de 70 000 à 80 000 francs. Ney, après avoir obtenu de lui la promesse qu'il remettrait cette somme dans la caisse du corps d'armée, voyant qu'il tardait à s'exécuter, lui notifia que, dans six jours si il ne s'était libéré, il le dénoncerait à l'Empereur, et qu'en attendant 8000 florins qui lui avaient été accordés comme gratification allaient être retenus en déduction de la somme qu'il devait.

L'apparence seule de la malversation suffisait pour emporter Ney à des extrémités qu'ensuite il regrettait. En 1813 il passait en revue un régiment de cavalerie. La masse des soldats était plus que complète. Ney étonné interroge les intéressés, les soldats eux-mêmes. Il apprend que le décompte n'a pas été payé. Alors il croit à une friponnerie de la part du chef et, se tournant vers lui, il lui adresse de vifs reproches. Après la revue on lui dit que le chef qu'il a si fort gourmandé n'a agi qu'en vertu d'ordres émanant de l'Empereur lui-même. Le soir tous les chefs de corps étaient réunis chez le maréchal. Seul le colonel qui avait subi la bourrasque était absent. Ney sort, va le trouver : « J'ai eu tort, lui dit-il en lui tendant la main, venez et que tout soit oublié. »

Ney, en effet, avait la générosité de faire des excuses à ses inférieurs, lorsque dans un moment d'irritation il lui était arrivé de les blesser. Voici un fait que nous tenons du général Jomini lui-même. Longtemps, entre le maréchal et lui, s'étaient conservés les bons rapports qu'avaient établis d'un côté une protection efficace, de l'autre une vive reconnaissance. Mais à la fin des complaisants les séparèrent. On venait dire à Ney que ses plus habiles conceptions, ses manœuvres les plus hardies, Jomini se les attribuait. L'indignation et la colère provoquées par tant d'ingratitude et une pareille outrecuidance s'amassaient dans le cœur du maréchal. Cependant en 1813 il avait encore auprès de lui Jomini comme chef d'état-major. Un soir le maréchal croit le saisir en faute et l'accuse de négligence; le chef d'état-major se défend; Ney insiste, Jomini riposte; le maréchal s'anime et, laissant enfin échapper ce qu'il a depuis si longtemps au fond de l'âme, il en vient au point que Jomini, portant la main à son épée, croit nécessaire de lui rappeler que lui aussi est soldat; le secrétaire du maréchal arriva tout à propos pour mettre fin à cette scène violente. Le lendemain, vers dix heures, Jomini est mandé chez le maréchal. En entrant il trouve Ney qui se promène dans son cabinet. Le maréchal vient à lui grave et triste. Il regrette ce qui s'est passé la veille : il prie Jomini de n'y plus penser; il accuse de ses emportements sa nature impétueuse, qui n'a pas été domptée et pliée à la mesure par l'éducation de la famille et par celle du monde; ensuite, montrant à Jomini une table avec deux couverts, il l'invita à s'y asseoir avec lui. « Cependant, après une pareille scène, ajoute Ney, notre dignité à l'un et à l'autre ne nous permet plus de servir ensemble; tenez, voici ce que je demande pour vous; » et il lui tend une dépêche dans laquelle, rappelant les services de Jomini, il sollicite l'Empereur avec instance de le nommer général de division. Peu après, Jomini quittait les drapeaux de la France pour passer dans les rangs des Russes. C'est, dit-il, c'est parceque Berthier, poursuivant de vieilles injustices, continuait à lui refuser un grade qu'il méritait. Quant à Ney, il avait fait tout ce qui dépendait de lui pour le lui faire obtenir.

L'humanité dont il avait si souvent donné des preuves inspirait quelquefois au maréchal des idées d'une plaisante originalité.

L'armée anglaise, s'embarquant précipitamment à la Corogne, avait abandonné une cinquantaine de femmes d'officiers ou de soldats qui erraient sur le rivage, en proie au besoin et exposées aux insultes. Ney les fit rassembler, les rassura, leur distribua des secours et ordonna qu'elles fussent placées dans un couvent de femmes. Mais la supérieure de ce couvent, sous prétexte que les Anglaises étaient protestantes, refusait de les recevoir ; « elle ne voulait avoir aucun commerce avec des hérétiques. — Je comprends vos scrupules, répondit Ney, je les respecte ; aussi, à la place de ces cinquante femmes protestantes, vous logerez deux compagnies de grenadiers catholiques ! » Les portes du couvent s'ouvrirent aux femmes des Anglais.

Ney alors, quoiqu'il dût encore y ajouter, était déjà dans le plein de sa réputation militaire. Napoléon l'avait appelé le *brave des braves*, et les soldats, dépeignant à la fois et son cœur indomptable, et sa forte nature, et sa tête altière haute en couleur avec ses cheveux d'un blond vif, l'avaient surnommé le *lion rouge*.. « Courage ! se disaient-ils dans une bataille, quand ils le voyaient entrer en ligne et qu'ils entendaient gronder son canon, courage! le lion rouge grogne! tout va se débrouiller. »

LE HÉROS

1812

VALOUTINA ET LA MOSCOWA

Ney, pour se distinguer, n'avait guère rencontré jusque-là que des circonstances ordinaires. Le temps approchait où il allait s'en présenter de si rudes, qu'elles devaient mettre à bas les plus fermes courages, et au contraire élever le sien jusqu'à l'héroïsme. Napoléon avait déclaré la guerre à la Russie et avec 500 000 hommes marchait pour l'envahir. Ney commandait le troisième corps de la grande armée.

Le Niémen était franchi, Wilna, Witepsk occupés : on entrait dans les vieilles provinces de leur empire, et les Russes reculaient toujours.

Impatient de les saisir, Napoléon croit en avoir trouvé le moyen. A la faveur des bois qui le séparent de l'ennemi, ses colonnes défilent de gauche à droite, traversent le Dniéper et se portent rapidement sur Smolensk pour y repasser le fleuve, se jeter sur le flanc des Russes, les refouler en désordre sur la Dwina, les y acculer et les détruire. Malheureusement, à quelques lieues de Smolensk, sur une route que l'on croyait libre, Murat et Ney rencontrent une

PASSAGE DU NIEMEN.

division russe. Ils l'accablent, ils la broient, mais ne peuvent l'enfoncer, et la résistance désespérée de ses soldats donne à Barclay de Tolly le temps de revenir au secours de Smolensk. Le 16 juillet, lorsque Ney paraît devant cette ville, elle est garnie de défenseurs. Ney pousse un de ses bataillons jusqu'au pied de la citadelle ; mais la fusillade et l'artillerie tonnent : il n'est plus possible de surprendre Smolensk, il faut attendre le gros de l'armée.

Le lendemain 17, Russes et Français, rangés sur les collines qui entourent Smolensk, semblent des spectateurs assis pour contempler le combat qui va se livrer dans ce vaste champ clos. Le signal est donné : Ney à gauche, Davoust au centre, Poniatowski à droite, pénètrent dans les faubourgs et, malgré une résistanée acharnée, les enlèvent. Reste à forcer la ville elle-même, entourée de sa vieille enceinte de remparts et de tours. C'est la tâche du jour suivant ; mais pendant la nuit des tourbillons de fumée et de flammes s'échappent de tous côtés : les Russes évacuent Smolensk et la brûlent.

Ney entre dans la ville dès le matin et, sans s'y arrêter, pousse au Dniéper. Le pont est coupé. Il le fait rétablir sous les balles ennemies et le 19 il passe le fleuve. Les Russes se retirent par les deux routes de Moscou et de Saint-Pétersbourg. Laquelle veulent-ils réellement suivre? En attendant qu'il le sache, Ney s'engage dans un chemin intermédiaire d'où il pourra se rabattre soit sur l'une, soit sur l'autre. A quelque distance de Smolensk, Ney aperçoit des masses épaisses qui se dirigent de gauche à droite : il n'y a plus à en douter, les Russes veulent couvrir leur vieille capitale. Il le mande à Napoléon, qui le rappelle sur la route de droite. Ney la suit, chassant devant lui, de position en position, une faible arrière-garde, quand, un peu plus loin que Valoutina, il rencontre un ruisseau fangeux au delà duquel s'élève une colline boisée. Ney fait relever le pont culbuté et donne l'ordre de gravir la colline. Tout à coup un feu violent éclate, et les troupes sont ramenées et rejetées par delà le ruisseau.

Étonné d'une résistance à laquelle il ne s'attendait pas, Ney appelle à lui une des divisions du maréchal Davoust et, la faisant appuyer à droite et à gauche, il lui donne l'ordre d'emporter la colline. Le général Gudin forme ses troupes en colonnes par pelotons et à leur tête traverse le ruisseau. A peine a-t-il franchi le pont, qu'un boulet lui fracasse les deux jambes. Le général Gérard prend le commandement. Les soldats de Gudin, avides de venger leur chef, donnent tête baissée sur les Russes, les poussent à la baïonnette à la montée de la colline, et derrière eux couronnent la hauteur. Mais les Russes ne se regardent pas comme vaincus; reformés et renforcés, ils reviennent à la charge. Quatre fois les Français plient sous leur choc, mais quatre fois ils rejettent leurs adversaires. Cependant ils ne peuvent que leur enlever le champ de bataille et coucher sur un terrain jonché de plus de 5000 des leurs et de 8000 ennemis.

Ney enfin sait pourquoi les Russes ont mis tant d'acharnement à lui disputer cette position. Un peu au delà est le village de Lubino, où aboutissent des chemins de traverse qui font communiquer la route de Saint-Pétersbourg avec celle de Moscou. Depuis la veille au soir Barclay de Tolly et la partie de l'armée russe qui d'abord avait pris la route de Saint-Pétersbourg, étaient engagés dans ces chemins sans pouvoir en sortir. Si les Français, devançant les Russes au débouché, l'occupaient et le fermaient, c'en était fait de toute cette colonne. Embarrassée de ses canons et de ses bagages, ne pouvant, dans un pays où il lui était si difficile d'avancer, essayer sans un affreux désordre de revenir sur ses pas, elle pouvait être réduite à mettre bas les armes. Barclay le craignait : de ses soldats les plus agiles il avait formé à la hâte une première avant-garde et l'avait jetée à la rencontre des Français. Il y était accouru lui-même ; il avait pressé la marche de ses divisions, et à mesure qu'elles sortaient des chemins de traverse, il les ramenait vers Smolensk, les serrait en rangs compacts pour opposer à l'ennemi un mur d'hommes. Mais, quoi qu'il fît, Ney l'aurait forcé s'il eût été secondé comme il devait l'être.

Tout près de là, en effet, sur la droite, Murat avait plusieurs milliers de cavaliers, et un peu plus loin Junot était à la tête de 12 000 ou 15 000 Westphaliens. S'il eût fait un mouvement en avant, il se trouvait dans le flanc et même sur les derrières de l'ennemi. En vain Murat, arrêté par des ruisseaux, par des marécages, se consumait d'impatience de ne pouvoir jeter son poids dans la bataille ; en vain pressait-il Junot ; en vain, pour l'exciter, lui montrait-il à quelques pas devant lui le bâton de maréchal ; en vain Gourgaud, officier d'ordonnance qu'au bruit du canon Napoléon avait envoyé de Smolensk, donnait-il presque des ordres au nom de l'empereur, Junot, le bouillant soldat des armées d'Italie et d'Égypte, restait insensible à toutes les provocations, et, poussé à bout, finissait par répondre, quand il avait encore quatre heures de jour, que la nuit approchait et qu'il prenait position.

Napoléon, lorsqu'il sut et l'occasion qui s'était

offerte et la manière dont on l'avait laissé échapper, s'emporta contre Junot et voulut lui retirer son commandement. Mais ensuite, revenant à des sentiments d'indulgence pour son ancien aide de camp, il le laissa à la tête des Westphaliens.

Quant à Ney et à ses soldats, Napoléon, le lendemain, en parcourant le champ de bataille, jugeant, et à la difficulté des lieux et à la multitude des cadavres qui couvraient la terre, de tous les efforts qu'ils avaient faits, fut juste en leur accordant largement éloges et récompenses.

Les régiments du troisième corps, dans ce rude engagement, avaient trop souffert pour continuer à faire l'avant-garde : ils passèrent en seconde ligne et l'armée reprit sa marche.

On approchait de Moscou. Les Russes avaient résolu de défendre leur antique capitale. Au nombre de plus de 130 000, sous un nouveau chef, Kutusoff, ils s'étaient établis sur des plateaux en avant de Mojaïsk. Là, protégés par des ravins et défendus par des redoutes garnies de canon, ils attendaient. Les Français arrivèrent devant eux le 5 septembre. Cette journée fut employée à les chasser d'une position avancée qu'ils occupaient, le lendemain à les reconnaître, et le 7, de bonne heure, la bataille commença.

Ney, avec Davoust et Murat, étaient chargés du principal rôle : ils devaient, secondés à l'extrême droite par les Polonais de Poniatowski, s'avancer en pivotant sur le prince Eugène, aborder l'aile gauche des Russes, les renverser sur leur droite et les pousser dans la Moscowa.

Davoust, le premier, entre en action. Protégé par cent pièces de canon, il traverse un ravin, gravit la hauteur, arrive près des redoutes ennemies et lance ses colonnes; mais un boulet traverse son cheval et lui fait à lui-même de telles contusions, qu'un instant on le croit mort. Presque en même temps ses généraux de division et de brigade sont frappés pour la plupart, et ses troupes, sans direction, hésitent.

A cette vue, Ney se porte en avant, saisit de son ferme commandement et ses soldats et les soldats de Davoust, et les conduit aux redoutes, où il entre, tuant ou expulsant les Russes. Bagration les ramène. Ney, à droite, soutient le choc, mais à gauche une de ses divisions est chassée de la redoute qu'elle a conquise, repoussée en désordre jusqu'au bord du plateau et sur le point d'être renversée dans le ravin. Murat accourt, remet en ligne nos soldats, leur fait faire à bout portant une décharge meurtrière sur la cavalerie russe, puis, la baïonnette croisée, rentre avec eux dans la redoute.

Sous ces coups violents l'espace s'est agrandi devant nous. Les Russes nous ont cédé du terrain. Aussitôt la cavalerie de réserve débouche sur le plateau et se range à droite et à gauche des troupes de Ney. La charge sonne : infanterie et cavalerie s'ébranlent; les Russes reculent jusqu'au bord du ravin de Semenofskoe. Encore un effort vigoureux, et ils y seront précipités, et on pourra derrière eux arriver jusqu'à la nouvelle route de Moscou et prendre à revers toute leur aile droite. Murat et Ney, que l'espoir de ce beau succès rend impatients de le tenter, envoient demander à Napoléon tout ce qu'il a de troupes disponibles, même la garde. Napoléon, qui n'est pas auprès de ses lieutenants, qui ne peut pas comme eux, de l'endroit où il est placé, juger de l'opportunité d'un mouvement décisif, se défie d'une ardeur peut-être irréfléchie. D'ailleurs il n'est que dix heures du matin, et quand la journée est si peu avancée, quand il reste tant de temps encore à la fortune pour se montrer inconstante, se démunir de ses réserves lui semble imprudent. Il n'envoie à ses lieutenants que les six ou sept mille hommes de la division Friant et toute l'artillerie des parcs. Murat et Ney ne peuvent contenir des gestes et des paroles de dépit. Cependant ils s'occupent de tirer le meilleur parti possible des renforts qui leur arrivent. Ils amènent en ligne la division Friant et rangent sur leur front des batteries formidables.

Les Russes ont senti le danger qui les menace : ils ont tiré des troupes de leur droite, de leur gauche; ils ont fait avancer la garde russe, et Bagration, ramassant ses débris, les réunissant à ces nouvelles forces, marche pour reprendre les positions qu'il a perdues. Ney l'accable de mitraille; mais, serrant ses rangs, Bagration gagne du terrain. Bientôt on s'aborde, on se heurte, on se pousse, on se repousse; c'est, sur le plateau incliné, le va-et-vient de la mer en furie. A la fin Ney se dégage et, tombant de toute sa masse sur les Russes, il les fait plier. Bagration voit ses soldats au moment d'être jetés dans le ravin de Semenofskoë; il s'élance avec ses officiers et une poignée de braves; mais il tombe frappé à mort, et les Russes, repassant le ravin, vont derrière le village de Semenofskoë reformer leurs rangs brisés. Friant les suit, les chasse du village et se déploie audacieusement devant eux. Murat et Ney, pour le soutenir, amènent au bord du ravin tout ce qu'ils ont de canons. Leurs boulets, tombant pressés, font de sanglantes trouées dans les rangs des Russes, qui, dégarnis encore par les renforts qu'ils sont obligés d'opposer aux progrès menaçants des Polonais, n'offrent plus qu'une ligne sans consistance et déjà presque percée à jour. De nouveau Murat et Ney, qui voient l'armée ennemie s'éclaircir, espèrent la fendre en deux et la détruire en partie. De nouveau ils envoient solliciter Napoléon d'envoyer la garde. Cette fois il cède. Il est deux heures, il ne lui semble plus prématuré d'engager sa réserve. Mais, au moment où la jeune garde se porte en avant, sur la gauche des cris s'élèvent, des hommes fuient : c'est l'apparence d'une déroute; Napoléon pousse son cheval de ce côté. Les Russes ont essayé une diversion : ils ont lancé sur notre extrême gauche une partie de leur cavalerie régulière et les Cosaques. Cette attaque imprévue a d'abord répandu le trouble jusque sur nos derrières ; mais bientôt les troupes du prince Eugène sont arrivées et ont repoussé l'ennemi. Cependant une heure s'est écoulée, et dans cet espace de temps les lignes russes, dégarnies devant Murat et devant Ney, ont été renforcées : l'occasion de les enfoncer est encore une fois perdue.

Napoléon se décide à frapper un grand coup. Il fait dire à Murat et à Ney de se tenir prêts, que le prince Eugène va enlever aux Russes la grande redoute qui appuie encore le centre et la droite de leur armée. Murat et Ney redoublent leurs feux, et quand ils voient les Russes ébranlés, ils lancent sur eux toute leur cavalerie. Les cuirassiers de Caulincourt franchissent le ravin de Semenofskoë, enfoncent les lignes ennemies, les traversent, puis, se rabattant sur la gauche, entrent dans la grande redoute par la gorge, tandis que les troupes d'Eugène y pénètrent en escaladant les parapets. La redoute est prise. Les Russes veulent la reprendre ; mais, fusillés par nos fantassins, sabrés par nos cavaliers, ils finissent par se pelotonner et se serrer sur des collines qui s'élèvent un peu en arrière. L'armée française, s'avançant, Murat, Ney et Poniatowski à droite, Eugène au centre et à gauche, les tient dans un angle de feu. Il suffit peut-être d'un dernier effort pour les anéantir; mais, à 800 lieues de la France, Napoléon craint de faire démolir sa garde; il aime mieux broyer l'ennemi, et jusqu'au soir 500 pièces de canon l'accablent de boulets. Pendant la nuit les Russes décampent et nous abandonnent un champ de bataille où plus de 80 000 hommes restent étendus.

Dans cette sanglante journée, nul plus que Ney n'avait contribué à fixer la fortune de notre côté. Soldat et général, on l'avait vu, ici emportant des redoutes comme un capitaine de grenadiers, là manœuvrant avec coup d'œil et sang-froid, partout intrépide, partout jetant à la mort d'audacieux défis. Aussi l'armée n'avait qu'une voix pour l'acclamer, et, plus tard, quand Napoléon voulut consacrer le souvenir de cette grande bataille, ce fut Ney qu'il choisit pour attacher à son nom le nom de la victoire remportée aux portes mêmes de Moscou.

LA RETRAITE

Écrasés à Mojaïsk, les Russes n'avaient pas osé nous disputer Moscou. Nous y étions entrés, nous nous y étions établis, espérant que, maîtres d'un gage si précieux, nous forcerions l'empereur Alexandre à nous demander la paix. Mais les Russes détruisirent ce gage dans nos mains en incendiant eux-mêmes leur antique capitale, et, l'hiver descendant du nord à leur secours, il fallut nous résigner à la retraite. Elle commença le 19 octobre.

Napoléon, pour ne pas revenir par des chemins défoncés et des pays ruinés, avait d'abord voulu se diriger vers les provinces du midi, les plus fertiles de la Russie. Les obstacles qu'il rencontra l'obligèrent à regagner la route de Smolensk par laquelle il était venu. Bientôt il chargea Ney de couvrir la retraite.

Des trente et quelques mille hommes avec lesquels il était entré en campagne, le maréchal n'avait plus avec lui que 9000 à 10000 soldats. Avec cette petite troupe que le feu de l'ennemi, les fatigues, la faim, le froid allaient chaque jour cruellement décimer, il devait contenir les nuées de Cosaques qui, comme des oiseaux de proie, voltigeaient sans cesse autour de nous, et surtout tenir tête aux troupes régulières de Kutusoff, qui s'avançaient longeant nos flancs ou suivant nos derrières.

Mais ce n'était là qu'une partie de la tâche imposée au maréchal, et la plus facile. L'armée était sortie de Moscou traînant après elle une quantité prodigieuse de voitures de toutes formes, de toutes grandeurs, chargées de vivres, de munitions, de blessés, de malades, de femmes, d'enfants et de toutes les dépouilles arrachées à l'incendie ou retirées de dessous les décombres d'une riche cité.

Ces voitures, cheminant sur une seule route et s'allongeant en une file immense, n'affaiblissaient pas seulement l'arrière-garde en l'isolant du reste de l'armée, elles étaient pour elle une source continuelle d'embarras et de dangers. En effet, si dans ce convoi qui n'en finissait pas il survenait le moindre accident, si une roue se brisait, si des chevaux s'abattaient, si une voiture entravait la marche, il fallait que l'arrière-garde fît volte-face et restât sous les balles de l'ennemi jusqu'à ce que, la route débarrassée, tous ces équipages pussent se remettre en mouvement.

Il est vrai que ce fardeau allait s'alléger, que, chaque jour, les chevaux tombant de faim ou de froid, il serait impossible de conduire plus loin ces voitures, qu'il faudrait les détruire ou les abandonner à l'ennemi ; mais, soulagée de cette charge, l'arrière-garde devait en retrouver une autre qui pèserait bien plus lourdement sur elle : les traînards.

Déjà un grand nombre d'hommes, fantassins éclopés, cavaliers démontés, hommes valides, ne recevant plus à leur poste de distributions régulières, étaient sortis des rangs, avaient jeté là leurs armes, et, laissant écouler leur corps, s'étaient formés en troupes de maraudeurs et fouillaient les villages aux alentours de la route.

Que la lance ou le canon des Cosaques les forçât de chercher la protection d'une force organisée, on les voyait accourir tous près de l'arrière-garde, se pelotonner autour d'elle, se jeter dans ses rangs, gêner sa défense, et surtout apporter sous ses yeux un exemple dangereux pour la discipline.

Cependant il fallait retenir sous le drapeau ces dernières troupes dont le dévouement était indispensable au salut de tous !

Pour les conserver fermes contre les flots de traînards qui à chaque moment venaient les battre, aussi bien que contre les charges renouvelées de l'ennemi ; pour faire que, mourant de froid et de faim, ces soldats ne songeassent pas à déserter leur poste pour aller, comme leurs camarades, chercher des aliments ou se réchauffer à quelque feu de bivouac; pour les amener à sacrifier ainsi au devoir l'instinct le plus impérieux de la nature humaine, celui de la conservation, il fallait autre chose que l'autorité du rang et du commandement. Il fallait l'ascendant du caractère, un cœur assez fort pour soutenir tous ces cœurs défaillants, une énergie assez puissante pour ranimer les volontés près de s'éteindre, une confiance assez robuste pour relever l'espoir qui succombait, et cela non une fois, mais vingt, non une heure, mais des journées, mais des semaines entières; enfin il fallait être plus qu'un homme, et durant toute cette fatale retraite le maréchal Ney fut plus qu'un homme.

Le 4 novembre, à Viasma, laissant passer au travers de ses rangs les soldats en désordre du prince Eugène et de Davoust, Ney prit leur place devant les Russes et les arrêta. Quand lui-même voulut se remettre en marche, Miloradowitch, lieutenant de Kutusoff, lança sur lui des milliers de Cosaques; mais Ney, à l'extrême arrière-garde, soutint ses troupes, et sous ses yeux elles se retirèrent avec aplomb. Cependant le froid augmentait, la neige couvrait la terre, une bise glaciale raidissait les membres défaillants des soldats : la rigueur de la saison, le manque de vivres, les souffrances les plus cruelles, tout poussait à se tirer au plus vite de ces contrées inhospitalières et ruinées; mais presser la marche de l'arrière-garde, c'était talonner le reste de l'armée, c'était peut-être amener une précipitation désastreuse; aussi, quoi qu'il lui en coutât, Ney était bien résolu à ne céder le terrain que pied à pied. Forcé d'abandonner plus tôt qu'il ne 'aurait voulu la petite ville de Dorogobouge, il ne se retirait qu'en grondant. La vue des voitures renversées sur les côtés de la route, des caissons brisés, des blessés abandonnés, augmentait encore sa mauvaise humeur. Il se reprochait ces trophées et ces victimes livrées à l'ennemi. Avec une résistance prolongée de quelques heures il aurait peut-être été possible de les sauver ; et Ney se plaignait d'avoir été mal secondé, il s'en prenait aux généraux, aux officiers sous ses ordres : « Et après tout, disait-il avec amertume, il ne s'agissait que de se faire tuer, et l'occasion était trop belle pour la laisser échapper ! »

Le lendemain, Ney se promettait de retenir les Russes, au passage du Dniéper, assez longtemps pour leur faire perdre l'avance qu'il avaient prise. Il avait disposé ses soldats le long du fleuve, et, leur donnant l'exemple, lui-même, un fusil à la main, il avait fait le coup de feu une partie de la journée ; l'ennemi avait été contenu ; mais vers le soir un de ses généraux de brigade, qu'il avait envoyé en remontant le fleuve sur sa gauche, revint précipitamment avec les troupes qu'il avait sous ses ordres. L'ennemi avait trouvé un endroit où le Dniéper était guéable, il l'avait passé. Ney malmena son lieutenant, mais n'en fut pas moins obligé d'ordonner la retraite. Elle fut des plus pénibles. Le froid, le verglas, la neige, tout semblait se réunir pour entraver la marche des soldats, et, s'ils s'arrêtaient, pour rendre leur halte insupportable. Enfin, après trois jours de souffrance, on atteignit Smolensk. Les Russes y arrivaient aussi. Les soldats de Ney furent obligés de faire encore un effort et de repousser l'ennemi avant de songer à prendre eux-mêmes un repos dont ils avaient si grand besoin.

Smolensk avait été montré à l'armée comme le terme de ses maux. L'Empereur, disaient les chefs, y avait formé des magasins immenses : on y trouverait des vivres, on y trouverait des vêtements, on y trouverait des armes, on s'y rétablirait et on y attendrait les Russes. Toutes ces espérances se changèrent en déception. Napoléon, pour forcer les hommes isolés à reprendre leurs rangs, avait prescrit de ne faire de distributions de vivres qu'aux troupes organisées. Une multitude affamée se pressait aux abords des magasins, et ces magasins lui restaient impitoyablement fermés. A la fin elle n'écouta que le cri du besoin, se rua sur les portes, les enfonça et pilla. Les ressources qui devaient remettre l'armée sur pied et l'entretenir pendant plusieurs mois furent dissipées en un instant.

On ne pouvait plus vivre à Smolensk, on allait y être cerné. Tandis que Kutusoff continuait à nous suivre par derrière et sur les flancs, deux autres armées russes s'avançaient, l'une du nord, l'autre du midi, pour se réunir sur la Bérézina et nous couper la route vers la France. Il n'y avait pas un moment à perdre, si l'on voulait arriver avant elles : la retraite continua. Ney fut encore chargé de la couvrir. Il n'avait plus que deux ou trois mille hommes : on lui adjoignit un régiment d'Illyriens qui venaient d'arriver et la division Ricard, du corps de Davoust.

L'Empereur et la garde avaient quitté Smolensk le 14 novembre, le prince Eugène le 15 et Davoust le 16. Ney, chargé d'enfouir les munitions, de détruire les fourgons et les voitures qu'on ne pouvait plus emmener, de faire scier les tourillons des pièces et jeter les canons dans le Dniéper, enfin de miner et de faire sauter les vieux remparts de la place, ne put se mettre en route que le 17. Ce jour-là, pendant la marche, il entendit au loin de fortes détonations ; mais il ne s'en inquiéta pas. Toute l'armée le précédait : il ne devait pas craindre de trouver un obstacle devant lui. Cependant, arrivé le soir au village de Koritnya, il apprit que la veille et le jour même le prince Eugène et Davoust avaient été obligés de s'ouvrir le chemin de vive force. Ney, dès lors, s'attendit lui aussi à combattre le lendemain : mais là où d'autres avaient passé, il comptait bien ne pas être arrêté. Le 18 novembre, il s'avançait repoussant à coups de fusil les Cosaques qui ne cessaient de le harceler, quand, vers deux heures de l'après-midi, la division Ricard, qui marchait en tête, fut assaillie par des troupes régulières et violemment ramenée. Ney accourut, rétablit l'ordre dans les rangs et, appelant à lui ses deux autres divisions, se remit en marche prêt à combattre. Il approchait de la petite ville de Krasnoë : il n'avait plus pour y arriver qu'à franchir un ravin, lorsque, au moment d'y descendre, du bord opposé, cent pièces de canon éclatèrent sur lui. Perçant le brouillard qui l'enveloppait, Ney alors aperçut sur les collines qui se dressaient en face toute une armée en position. Sans se décourager, il range en bataille ses 6000 hommes, met en batterie tout ce qu'il a d'artillerie, six pièces de canon, et donne le signal de l'attaque. Ses soldats, formés en colonne par régiments, descendent dans le ravin, le traversent, remontent l'autre versant et arrivent, l'arme au bras et serrés, sur le plateau, presque à la gueule des canons russes. Mais là, accueillis par la mitraille, abordés à la baïonnette par l'infanterie, chargés par la cavalerie, ils ne peuvent se soutenir et sont renversés dans le ravin, qu'ils repassent en désordre : ils ont perdu la moitié des leurs. Pendant que Ney les reforme derrière sa réserve, un parlementaire se présente. C'est un aide de camp de

Kutusoff. Ney, dit-il, est séparé de l'armée française par l'armée russe tout entière : il a devant lui 60000 hommes : s'il en doute, qu'il envoie un de ses officiers s'en assurer. Du reste, le général Kutusoff, sachant ce qu'il doit à un chef aussi renommé, à d'aussi vaillants soldats, aura pour eux les égards qu'ils méritent : ils n'ont qu'à déposer les armes ! A ces mots Ney, le regardant avec dédain : « Un maréchal de France ne se rend pas, » lui répond-il, et, se faisant un prétexte d'un coup de canon tiré par les Russes, il donne l'ordre de retenir le parlementaire prisonnier. Cependant la nuit est venue. Ney fait faire volte-face à ses soldats et les ramène vers Smolensk. Chacun se demande quel est son projet ; mais personne n'hésite, on a confiance en lui. Toutefois Ney, voyant près de lui un des officiers de son état-major, lui dit à demi voix : « Nous ne sommes pas bien. — Qu'allez-vous faire ? — Passer le Dniéper. — Où est le chemin ? — Nous le trouverons. — Et si le Dniéper n'est pas gelé. — Il le sera. » Ainsi le maréchal veut gagner le fleuve, le franchir et, à l'abri de cette barrière, défiler et rejoindre où il pourra l'armée française.

Le Dniéper coule sur la gauche, mais on ne sait au juste ni où, ni à quelle distance. Comment trouver le fleuve dans les ténèbres, par la neige, par la pluie qui commence à tomber, sans chemins, sans indications, à travers champs ? Ney, dans un pli de terrain, sent de la glace sous ses pas : il s'arrête, fait casser la glace et en approche une lumière. Sous la glace, il y a de l'eau, et cette eau coule de droite à gauche, c'est-à-dire dans la direction du Dniéper. C'est sans doute un de ses affluents, il n'y a qu'à le suivre.

En descendant le ruisseau, on trouve d'abord un village : on s'y arrête, et Ney fait allumer de grands feux pour faire croire aux Russes qu'il a l'intention d'y passer la nuit ; puis il se remet en marche. On lui amène un paysan boiteux, le seul habitant que l'on ait découvert dans le village. Ney le fait marcher en tête des colonnes et, guidé par lui, on arrive au bord du Dniéper : il est gelé! C'est là une précieuse faveur que la fortune accorde au maréchal : il faut se hâter d'en profiter; mais beaucoup d'hommes blessés, malades, égarés, sont restés en arrière, Ney ne veut pas partir sans eux. Il accorde deux heures pour le ralliement, et pendant ce temps-là, lui, couché dans son manteau sur la neige, dort d'un profond sommeil.

Vers cinq heures du matin le passage commence. La glace est peu épaisse et craque à tout instant sous les pieds : les hommes passent sur une seule file et à distance les uns des autres : on fait traverser le fleuve à quelques chevaux, mais pour les voitures on renonce à l'essayer ; on les abandonne, ainsi que deux pièces de canon que l'on a traînées jusque-là.

3000 hommes sont de l'autre côté du Dniéper. Il ne reste plus sur la rive gauche que des traînards, attachés à des feux de bivouac qu'il est impossible de leur faire quitter. Ney donne le signal du départ. On surprend d'abord un poste de Cosaques endormis ; on arrive ensuite à deux villages dont les habitants se sauvent dans les bois ; mais ils n'ont eu le temps de rien emporter, et les soldats de Ney trouvent quelques vivres dans les maisons.

Ils se livrent à la joie que cause un peu d'abondance après tant de privations, quand des hourrahs retentissent. Ce sont les Cosaques irréguliers et les

Cosaques réguliers de Platow, formés en escadron et accoutumés à toutes les manœuvres de la cavalerie. Ils ont avec eux des pièces de canon montées sur des traîneaux et qui se portent rapidement partout où il est nécessaire. Ney, pour leur répondre, n'a que ses fusils et presque plus de cartouches; il reste en position jusqu'au soir et ne s'ébranle que quand la nuit est venue. Les Cosaques remplissent les bois qui sont de chaque côté de la route; Ney les en chasse et se rapproche du Dniéper. Le long du fleuve la route est plus difficile, le terrain est plus accidenté, les ravins sont plus profonds, les ruisseaux roulent plus d'eau; mais là du moins on est protégé d'un côté.

Ney avance péniblement, lorsque au sortir d'un défilé il trouve les Cosaques établis sur une colline qui barre le chemin, avec leurs pièces en batterie. Ney marche sur les canons, oblige les ennemis à fuir et à lui laisser le passage libre. Le lendemain on sort du bois et on débouche dans une vaste plaine. C'est là que Platow espère anéantir la petite troupe de Ney. Il l'entoure, il la harcèle, il la presse, il la charge : vingt fois il est sur le point d'entrer dans les carrés; vingt fois les soldats de Ney, épuisés de fatigue, de faim et de froid, sont sur le point de jeter là leurs armes et de s'abandonner à la merci des Cosaques; vingt fois un regard, un mot du maréchal les raniment, et ils tiennent bon, et ils continuent à marcher sous les balles, sous la mitraille, sous les boulets. Cependant, arrivé sur une éminence, Ney croit nécessaire de faire une diversion. « Général, dit-il à un de ses lieutenants, vous allez rester ici, vous y mourrez : l'honneur de la France le veut. » Et, partageant sa petite troupe, il en laisse la moitié sur la hauteur, et avec le reste se dirige vers un village qu'il aperçoit. Quand il y est établi, l'autre division vient l'y rejoindre. Platow l'y assiège; Ney se défend pendant cinq heures, et les Cosaques, n'en pouvant plus, s'établissent en face de lui. A neuf heures du soir Ney décampe sans bruit, se glisse dans les bois et marche jusqu'à ce que son avant-garde tombe sur une patrouille... « Qui vive! » crie-t-elle, on lui répond : « Français! »

C'était l'avant-garde du prince Eugène qui, averti par un officier polonais que Ney avait envoyé le matin à Orcha, venait à sa rencontre. Les soldats se jetaient dans les bras les uns des autres en pleurant; ils avaient désespéré de se revoir. Lorsqu'on apprit à Napoléon que Ney, qu'il croyait perdu, avait échappé aux Russes : « Serait-ce possible! s'écria-t-il; j'ai 200 millions dans les caves des Tuileries, je les aurais donnés avec plaisir pour sauver ce brave Ney! » Mais des 6000 hommes que le maréclal comptait en sortant de Smolensk, il n'en ramenait avec lui que 1500.

L'arrière-garde avait rejoint le reste de l'armée; mais le reste de l'armée allait se trouver dans la position d'où sortait l'arrière-garde.

L'armée russe du midi, commandée par l'amiral Tchitchakoff, s'était emparée de Borisoff et du seul pont par où les Français pussent traverser la Bérézina. Napoléon avait essayé de reprendre ce pont; mais les Russes l'avaient brûlé et, rangés derrière la rivière, ils nous attendaient. Dans le même temps s'avançaient, pressant notre flanc droit, Wittgenstein et l'armée du nord, tandis que Kutusoff et la grande armée russe continuaient à nous suivre en menaçant notre gauche. Ainsi poussés par deux armées, nous allions être acculés sur une large rivière grossie par le dégel, charriant d'énormes glaçons, sans équipages de pont, sans moyen de passage, et, de plus, sur une rivière défendue par une troisième armée. Le moment semblait proche où nous serions obligés de déposer les armes.

Napoléon ne s'abandonna pas. Il fit faire des démonstrations de passage à Borisoff et au-dessous; l'amiral, croyant que c'était là le point qu'il fallait garder, y concentra toutes ses troupes. Profitant de son erreur, Napoléon remonta trois lieues plus haut, au village de Studianka, et, dans un endroit où la rivière n'avait que six ou sept pieds de profondeur, il fit établir rapidement deux ponts sur chevalets. Mais ces ponts, peu larges, peu solides, qui s'abîmaient à chaque instant et qu'à chaque instant il fallait relever, ne permettaient à l'armée de s'écouler qu'avec une lenteur désespérante. Après un jour et deux nuits, les Français étaient encore partagés par la Bérézina, quand, sur l'une et l'autre rive, l'ennemi attaqua.

Tchitchakoff avait fini par apprendre à quel endroit les Français passaient la rivière; il avait rassemblé ses troupes et il accourait pour nous jeter dans la Bérézina. Oudinot, qui lui est opposé, l'arrête d'abord; mais Tchitchakoff amène des renforts à son avant-garde, et dès lors les Russes, supérieurs en nombre, gagnent du terrain. Leurs boulets, qui tombent jusque dans les rangs de la réserve, commencent à y causer de l'inquiétude; de plus on apprend coup sur coup qu'Oudinot et l'un de ses généraux de division, Legrand, viennent d'être mis hors de combat; alors Ney, placé jusque-là en seconde ligne, se porte en avant. Il rallie les soldats d'Oudinot, les reforme, leur parle, leur dit que d'eux, de leur contenance dépend le salut de l'armée, et, ranimés, les lance sur l'ennemi. Ils chassent les Russes des bois où ils ont pénétré et les refoulent dans une sorte de plaine qui s'ouvre au milieu des forêts. Là, voyant Tchitchakoff serrer et masser ses troupes, Ney fait avancer 40 canons et fait pleuvoir sur l'ennemi la mitraille, les bombes et les boulets. Les Russes paraissent flottants; Ney jette sur eux sa cavalerie. Une division de 7000 hommes se forme en carrés; mais nos cuirassiers traversent les carrés, reviennent sur eux, écrasent, pointent, sabrent, étendent 1000 Russes par terre et en ramènent 2000 prisonniers. A son tour l'infanterie s'élance, elle aborde l'ennemi à la baïonnette, la pousse au travers des bois et la culbute par delà un ravin, à peu de distance de Borisoff. Recueillis par l'avant-garde de Kutusoff, que Tchitchakoff a appelée à son secours de l'autre rive de la Bérézina, les Russes veulent reprendre l'offensive; mais Ney, chaque fois qu'ils essayent de traverser le ravin, les y renverse; la nuit termine le combat. Ney, avec 11 000 hommes, a battu les 35 000 de Tchitchakoff, leur a pris cinq pièces de canon et a fait 3000 prisonniers. Mais de l'autre côté de la Bérézina nous avons été moins heureux. Tout ce que nous avons pu faire a été de conserver le terrain que nous occupions. Ce n'est qu'au prix des efforts les plus héroïques et des sacrifices les plus grands que le maréchal Victor est parvenu à arrêter Wittgenstein. Réduit à 4000 hommes, il ne peut plus prolonger la lutte; il évacue la rive gauche pendant la nuit et passe la Bérézina; sur la rive qu'il a quittée il reste encore une foule de traînards qui n'ont pas voulu ou n'ont pas pu profiter des moyens de passage qui leur étaient offerts; mais l'ennemi, ne trouvant plus de résistance, descend des hauteurs de Studianka; il faut se résigner à un douloureux sacrifice : on met le feu aux mines disposées pour faire sauter les ponts : les ponts volent en éclats, et 15000 malheureux tombent aux mains des Russes.

Les Français se dirigeaient sur Vilna. Tchitchakoff, qui était déjà de l'autre côté de la Bérézina, se mit à leur poursuite. A l'entrée des ponts de Zembin il rencontra Ney, qu'il avait appris à connaître. Ney canonna, fusilla les Russes, et quand les Russes à leur tour voulurent l'atteindre, ils trouvèrent les ponts brûlés, la route coupée et de chaque côté l'eau des marais.

Force leur fut de retourner sur leurs pas. Mais avec leurs chevaux ils eurent vite fait le tour des obstacles, et à Pletchnitzé Ney retrouva les Cosaques. Leurs nombreux escadrons couvrant la plaine, tourbillonnant avec des cris et jetant à la fois des hourrahs et des boulets, commençaient à troubler l'arrière-garde. Ney saisit un fusil, se plaça au premier rang, raffermit les cœurs, commença le feu, le soutint une partie du jour, et le soir les Cosaques, ne pouvant rien entamer, lâchèrent prise.

Deux ou trois jours après, à Malodechno, ils revinrent, soutenus par de l'infanterie. Il restait au deuxième corps, au corps d'Oudinot, dont Ney avait pris le commandement, un assez grand nombre de canons que l'on ne pouvait plus emmener faute d'attelages. Ney les fit mettre en batterie, dépensa sur les Russes tout ce qu'il avait de boulets et de mitraille, les écrasa sous un feu sans relâche, puis, enclouant ses pièces, les leur abandonna.

Ney, toujours solide de corps et ferme de cœur, ne demandait pas mieux que de continuer à tenir tête aux Russes; mais il n'avait plus personne autour de lui. Dans les quelques jours qui venaient de s'écouler le deuxième corps avait disparu. Le froid, en effet, qui s'était détendu lors du passage du Dniéper et de la Bérézina, avait tout d'un coup repris avec une nouvelle âpreté; le thermomètre de Réaumur avait d'abord marqué 15 degrés au-dessous de zéro, puis 18, puis 20; enfin il était descendu jusqu'à 25 et 28 degrés. C'était une température mortelle : ni les hommes ni les bêtes ne pouvaient y résister. « Nous étions tous dans un tel état d'abattement et de torpeur, dit le docteur Larrey dans ses Mémoires, que nous avions peine à nous reconnaître les uns les autres. On marchait dans un morne silence...; l'organe de la vie et les forces musculaires étaient affaiblis au point qu'il était très difficile de suivre sa direction et de conserver l'équilibre... La mort était devancée par la pâleur du visage, par une sorte d'idiotisme, par la difficulté de parler, par la faiblesse de la vue. »

Le spectacle qu'offrait à ce moment l'armée en retraite était navrant : « Qu'on se représente des plaines à perte de vue couvertes de neige, de longues forêts de pins, des villages à demi brûlés et déserts, et, à travers ces tristes contrées, une immense colonne de malheureux presque tous sans armes, marchant pêle-mêle et tombant à chaque pas sur la glace, auprès des carcasses de chevaux et des cadavres de leurs compagnons. Leurs figures portaient l'empreinte de l'accablement ou du désespoir. Leurs yeux étaient éteints, leurs traits décomposés et entièrement noirs de crasse et de fumée. Des peaux de mouton, des morceaux de drap leur tenaient lieu de souliers; ils avaient la tête enveloppée de chiffons, de jupons de femme, de peaux à demi brûlées. Aussi, dès que l'un d'eux tombait de fatigue, ses camarades le dépouillaient, avant sa mort, pour se revêtir de ses haillons. Chaque bivouac ressemblait le lendemain à un champ de bataille, et l'on trouvait morts à côté de soi ceux auprès desquels on s'était couché la veille. »

L'ennemi lui-même avait compassion de nous. « La route que nous parcourions, dit un officier russe, était couverte de prisonniers que nous ne surveillions plus et qui étaient livrés à des souffrances inconnues jusqu'alors. Plusieurs se traînaient encore machinalement le long de la route avec leurs pieds nus et à demi gelés ; les uns avaient perdu la parole ; d'autres étaient tombés dans une sorte de stupidité sauvage et voulaient malgré nous faire rôtir des cadavres pour les dévorer. Ceux qui étaient trop faibles pour aller chercher du bois s'arrêtaient auprès du premier feu qu'ils trouvaient. Là, s'asseyant les uns sur les autres, ils se tenaient serrés autour de ce feu dont la faible chaleur les soutenait encore, et le peu de vie qui leur restait s'éteignait en même temps que lui. Les maisons et les granges auxquelles ces malheureux avaient mis le feu étaient entourées de cadavres : car ceux qui s'en approchaient n'avaient pas la force de fuir la flamme qui arrivait jusqu'à eux, et bientôt on en voyait d'autres, avec un rire convulsif, se précipiter volontairement au milieu de l'incendie qui les consumait à leur tour. »

La vue de misères si affreuses, jointes à la complète désorganisation de l'armée qui en était la suite, affectait les plus forts au point de les anéantir. Davoust, le héros d'Auerstaed et d'Eckmühl, Davoust, l'homme au cœur de bronze et à la main de fer, marchaient tête baissée, sans dire un mot. Murat, si brillant à la tête de ses cavaliers, Murat, tout de feu dans

LE MARÉCHAL NEY. 7

les champs de la Moscowa et dont l'ardeur paraissait alors allumer l'ardeur de tous; Murat, maintenant morne et abattu, n'était plus que l'ombre de lui-même. Quant à Napoléon, enfoncé dans sa voiture, il évitait de regarder à droite ou à gauche, de peur de rien voir, et déjà il méditait le projet de s'échapper et d'aller en France chercher le moyen de rétablir sa puissance ébranlée.

Au milieu de cette prostration des courages, un homme, mais un homme seul conservait toute son énergie et se montrait supérieur à la fortune : c'était le maréchal Ney. A Malodechno, contraint, faute de combattants, d'abandonner le poste qu'il a occupé presque sans désemparer depuis Moscou, il le cède à un autre, mais il ne s'éloigne pas. Dans les débris des deuxième et troisième corps, il trouve encore une centaine d'hommes en état de porter un fusil; il en forme une compagnie, se place au milieu et, envoyant le reste de ses soldats en avant, il marche avec sa petite troupe, à portée de reprendre sa tâche interrompue. Il n'y est que trop vite rappelé. Le maréchal Victor, au bout de deux ou trois jours, déclare qu'il ne peut plus faire l'arrière-garde. Ney prend le commandement de quelques troupes qui viennent de rejoindre, des Bavarois de Wrède, des Français de Loison, et recommence à tenir tête aux Russes. Il les arrête en avant de Vilna, il les arrête sur la route de Kowno, il les arrête encore devant Kowno; mais les Russes passent le Niémen sur la glace et vont s'établir à une demi-lieue de là sur le chemin de Kœnigsberg, que suit l'armée. L'arrière-garde est coupée. Pas plus qu'à Krasnoë Ney ne se déconcerte. Il range devant l'ennemi ses deux ou trois cents hommes, tiraille jusqu'au soir, fait allumer des feux de bivouac, puis, la nuit venue, se glisse en silence le long du Niémen, descend le fleuve l'espace d'une lieue ou deux, se jette à gauche dans des forêts, les traverse, et après un jour et deux nuits de marche rejoint la route de Kœnigsberg. Le 15 décembre au matin, le lieutenant-général comte Mathieu Dumas, assis à table chez un médecin de Gumbinen, allait prendre une tasse de café qu'on venait de lui servir. La porte s'ouvre, un homme entre couvert d'une redingote brune, la barbe longue, le visage noirci et comme brûlé, les yeux rouges et brillants : « Enfin, me voilà ! s'écrie-t-il. Eh quoi ! général Dumas, vous ne me reconnaissez pas? — Non, qui êtes-vous donc ? — Je suis l'arrière-garde de la grande armée, le maréchal Ney. J'ai tiré le dernier coup de fusil sur le pont de Kowno ; j'ai jeté dans le Niémen la dernière de nos armes et je suis venu jusqu'ici à travers les bois! »

L'armée française tirée de la Russie était arrivée derrière la Vistule; alors il fut permis à Ney de venir en France prendre auprès de sa femme et de ses enfants un peu de repos. Le 8 janvier 1813 Napoléon écrivit au Sénat :

« Sénateurs,

« Nous avons jugé utile de reconnaître par des récompenses éclatantes les services qui nous ont été rendus spécialement, dans cette dernière campagne, par notre cousin le maréchal duc d'Elchingen. . .

. . . .

« En conséquence, nous avons érigé en principauté le château de Rivoli, département du Pô, et les terres qui en dépendent, pour être possédées par notre cousin le maréchal duc d'Elchingen et ses descendants, aux clauses et conditions portées aux lettres patentes que nous avons ordonné à notre cousin le prince archichancelier de l'Empire de faire expédier par le conseil du sceau des titres. . . »

Ney était fait prince de la Moscowa !

1813

CAMPAGNE DE SAXE

Après la Bérézina, Napoléon avait quitté son armée presque détruite pour venir en France en lever une autre. Quatre mois plus tard il rentrait en campagne avec 200 000 hommes.

Les Russes ne s'étaient pas arrêtés au Niémen : ils l'avaient passé, ils avaient passé la Vistule et, secondés par les Prussiens, qui s'étaient unis à eux, ils avaient franchi l'Oder et l'Elbe. Les débris de Moscou avaient battu en retraite jusque derrière la Saale. Napoléon marchait pour les rejoindre.

Ney était à l'avant-garde : il avait sous ses ordres 50 000 soldats, mais 50 000 soldats de vingt ans qui savaient à peine charger leurs fusils et qui n'avaient jamais vu l'ennemi. Le 30 avril Ney passe la Saale et débouche dans les vastes plaines qui mènent à Leipsick. En avant de Weissenfels il rencontre dix mille cavaliers russes : il n'a pas un seul escadron à leur opposer ; il forme ses conscrits en carrés et se place au milieu. Les Russes arrivent au galop, bien en ligne et serrés ; nos jeunes soldats les attendent en frémissant. Tout à coup le commandement de : feu ! retentit : la fusillade éclate, les cavaliers tombent, les chevaux s'effarent, les escadrons se disloquent, et cette masse brisée reprend en désordre le chemin par où elle est venue. Dès lors nos conscrits n'ont plus peur : ils ont repoussé une charge, ils en repousseront vingt; ils rompent leurs carrés et entrent à Weissenfels, les schakos au bout des fusils et aux cris de : vive l'Empereur!

Le lendemain ils trouvent l'ennemi établi au delà du ravin de Poserna avec du canon, de l'infanterie et de la cavalerie. Sans hésiter ils descendent dans le ravin, le traversent, abordent les Russes et les culbutent.

« Ces enfants sont des héros, dit Ney à Napoléon; j'en ferai tout ce que je voudrai; ils ne raisonnent pas, ils vont! » Le jour suivant allait encore prouver qu'il disait vrai : c'était le jour de Lutzen!

Napoléon avait fait sa jonction avec le prince Eugène et les troupes revenues de Russie. Il marchait sur Leipsick avec l'intention d'y passer l'Elster et la Pleisse, puis, une fois au delà de ces deux rivières, de se rabattre vivement à droite sur les armées russe et prussienne, qui de Dresde s'avançaient en longeant le pied des montagnes.

Il espérait leur couper la retraite et les acculer sur la Bohême. L'ennemi le prévint. Concentrés derrière la Pleisse et l'Elster, les alliés les franchirent à quelques lieues au-dessus de Leipsick et s'en vinrent avec toutes leurs forces donner dans le flanc de nos colonnes en marche; heureusement ils trouvèrent pour leur barrer le passage le corps entier du maréchal Ney cantonné dans cinq villages à la droite de Lutzen.

Napoléon, arrivé sur la hauteur de Lindenau, au bord de la prairie marécageuse qui de là s'étend jusqu'à Leipsick, suivait avec sa lunette les progrès de ses soldats et les regardait traverser les différents bras de l'Elster, pousser devant eux les Prussiens et s'approcher de Leipsick. Tout d'un coup, sur sa droite, en arrière, retentit une forte canonnade; il se retourne et écoute : le bruit du canon se soutient, il augmente; il n'y a pas en douter, l'ennemi que nous allions chercher devant nous est sur notre flanc et même sur nos derrières. Aussitôt Napoléon donne à Ney, qu'il avait amené avec lui, l'ordre de rejoindre ses troupes en toute hâte; quant à lui, dirigeant le corps d'armée de Macdonald sur le canon, envoyant ses aides de camp à Marmont, à Bertrand, à Oudinot restés en arrière pour presser leur marche, il fait rétrograder la vieille et la jeune garde sur Lutzen et se porte sur le champ de bataille.

Ney, galopant à travers champs, ne met qu'une demi-heure pour franchir l'espace qui le sépare de ses soldats. Quand il arrive, vers midi, deux de ses divisions, écrasées par la mitraille, abordées à la baïonnette, viennent d'être chassées des trois villages de Gross-Gorschen, de Klein-Gorschen et de Rahna. Ney se met à la tête de la troisième et, tandis que ses jeunes soldats se rallient, il fond sur l'ennemi. Les Prussiens sont repoussés de Klein-Gorschen et de Rahna. Mais Blücher, qui les commande, court à sa seconde division et, animé par le désir de venger Iéna, de délivrer la Prusse opprimée depuis sept ans, il se jette en furieux sur les soldats de Ney, leur arrache de nouveau les villages qu'ils ont repris et, les pressant vivement, entre avec eux dans Kaja.

Ce village est l'appui de notre centre. Si nous le laissons au pouvoir de l'ennemi, nous risquons d'être percés. Napoléon vient d'arriver. « Quoi! conscrits, dit-il aux jeunes soldats de Ney, j'avais compté sur vous et vous fuyez! » Ils s'arrêtent, ils se pelotonnent, et tandis que Ney les reforme, l'Empereur ordonne à son aide de camp Mouton, comte de Lobau, de se mettre à la tête de la quatrième division de Ney et de rentrer dans Kaja. Kaja, assailli par les troupes fraîches de Ricard et par les trois autres divisions ralliées et ramenées, est reconquis et Blücher est repoussé au delà de Klein-Gorschen et de Rahna. Il fait avancer sa troisième ligne et, la soutenant de tout le reste de ses troupes, il tombe sur Ney. Encore une fois nos jeunes soldats plient sous le choc et l'ennemi rentre dans Klein-Gorschen, dans Rahna, dans Kaja, et même, dépassant ce dernier village, s'avance sur Lutzen.

Mais la garde débouche; tandis que la vieille, formée en carré, reste en réserve, la jeune, disposée en colonnes d'attaque, soutenue du corps de Ney et appuyée par 80 pièces de canon, se jette sur les Prussiens et les Russes, les culbute à la baïonnette, les expulse de Kaja, de Klein-Gorschen et les ramène dans leurs positions du matin. Marmont est en ligne avec le centre; Bertrand s'avance à droite et Macdonald à gauche. L'ennemi, sur le point d'être cerné, se retire : la bataille est gagnée. C'est le corps de Ney qui, en se faisant décimer, a donné aux autres le temps d'arriver pour le succès. C'est à lui qu'en revient la plus grande part; mais cette gloire il l'achète au prix de 13 000 des siens.

Napoléon poursuivait l'ennemi sur Dresde. Il dirigea par Torgau et Wittemberg le maréchal Ney, auquel il adjoignit les corps des généraux Reynier et Lauriston. Si les Prussiens se séparaient des Russes et descendaient l'Elbe pour aller couvrir

Berlin, Ney serait assez fort pour leur résister.

Mais les Prussiens suivirent les Russes sur les routes de la Silésie, et les uns et les autres s'arrêtèrent à Bautzen, sur un terrain qui pouvait offrir un double champ de bataille. Napoléon rappela à lui l'armée du maréchal Ney, afin d'attaquer l'ennemi avec toutes ses forces.

Ney, le 20 mai, n'étant plus qu'à quelques lieues, Napoléon fit enlever le cours supérieur de la Sprée, la ville de Bautzen et rejeter l'ennemi sur sa seconde position.

Cette position s'appuyait à gauche à des hauteurs boisées qui se rattachaient aux montagnes de la Bohême. Au centre elle était fortifiée par une quantité de redoutes garnies de canons et couverte par un ruisseau fangeux, l'Albrechtbach, qui, après l'avoir contournée, faisait retour en arrière, se joignait à un autre ruisseau, le Löbau, et, se traînant dans une foule de bras, allait au travers d'une prairie marécageuse rejoindre la Sprée.

L'armée russe presque tout entière gardait cette partie du champ de bataille.

A l'aile droite étaient les Prussiens. Blücher, établi sur des mamelons sablonneux et garnis de bouquets de bois, en avant de l'Albrechtbach, descendait de là jusqu'à la Sprée, protégé sur son front par la rivière sinueuse et encaissée, sur son flanc droit par des étangs, des ruisseaux, des marais, de l'un et de l'autre côté par les pentes abruptes de la colline, et disait qu'il occupait les Thermopyles de l'Allemagne et que rien ne pourrait l'y forcer.

Enfin, au delà des Prussiens, les Russes de Barclay de Tolly défendaient la basse Sprée. C'est eux que Ney rencontra. Il leur enleva le village de Klix, et le 21 au matin il traversa la Sprée.

Barclay s'était établi un peu en arrière sur les hauteurs de Glein; Ney y marcha et culbuta les Russes. Ils se retiraient du côté de Belgern et tenaient encore Preititz : Ney jeta sur ce village la division Souham, Preititz fut pris. Nos soldats n'y étaient pas encore solidement établis, lorsque les Russes, soutenus des Prussiens de Kleist, revinrent sur eux. Accablés sous le nombre, ils plièrent et furent ramenés avec perte. Ney avait sous la main trois de ses divisions : il aurait pu soutenir Souham, mais il n'aurait plus eu de réserve pour parer aux accidents; Lauriston, qui le couvrait à droite et à gauche, était fortement engagé et Reynier était à plusieurs lieues en arrière.

Ney aima mieux arrêter l'ennemi avec du canon et il fit mettre toutes ses pièces en batterie. Depuis deux heures il couvrait de boulets les Russes et les Prussiens, quand enfin on vint lui dire que Reynier approchait, que ses têtes de colonnes passaient la Sprée. Aussitôt, disposant ses troupes pour l'attaque, Ney se met à leur tête et rentre dans Preititz. Jusque-là il avait été masqué par les hauteurs qu'il avait longées en s'avançant : il commençait à les dépasser et à découvrir une partie du champ de bataille.

Devant lui il voyait massés sur des collines, Barclay à gauche, Kleist à droite, reliés entre eux par de nombreux escadrons. S'il se jetait sur eux, s'il les poussait devant lui, il arriverait, dans la direction de Hochkirch, sur les derrières des armées russe et prussienne aux mains avec Napoléon, et il les prendrait ou les détruirait en partie. C'est ce que le pressait de faire son chef d'état-major Jomini.

Mais Ney n'avait de disponibles encore que trois divisions d'infanterie et six escadrons de cavalerie. Était-il prudent avec si peu de forces de se jeter au milieu de toutes les masses des ennemis? Ne serait-on point entouré, broyé, écrasé avant d'être secouru? Ney hésitait. A ce moment Blücher, se voyant tourné sur les hauteurs où il était resté, envoyait douze pièces de canon battre Ney en flanc et par derrière. Ces douze pièces ouvraient leur feu. « Marchons au canon, dit Ney, et, laissant une division dans Preititz avec les deux autres, il gravit les hauteurs. Blücher, assailli déjà de front et de flanc par Marmont, la jeune garde et le corps de Bertrand, pris de plus par derrière par le maréchal Ney, allait être entouré, obligé de déposer les armes; il vit le danger, se replia rapidement et, défilant derrière des bouquets de bois, il descendit des mamelons en même temps que Ney y montait; Ney trouva les hauteurs évacuées. Furieux, il redescendit dans le ravin, amena en ligne Reynier, Lauriston, se jeta sur les Russes de Barclay qui couvraient les alliés en retraite et, malgré la nuit qui approchait, les mena battant plus d'une lieue. Mais quoi qu'il fît, l'occasion était manquée : il ne put enlever de canons ni faire de prisonniers.

Ney, un instant trop circonspect, devenait téméraire. Il poussait sans relâche sur l'ennemi tantôt Reynier, tantôt Lauriston. Il aurait voulu enlever quelques débris, faire produire quelques fruits à la victoire; l'ennemi, vivement pressé, se retourna et maltraita la division Maison. Néanmoins, deux ou trois jours plus tard, Lauriston arrivait aux bords de l'Oder et occupait Breslau.

L'armistice de Peiswitz suspendit nos coups et Ney cantonna ses troupes en Silésie.

Cet armistice ne fut qu'une trêve. Loin d'amener la paix, il ne servit qu'à mieux préparer la guerre. Napoléon, obligé d'accourir en aide au prince Eugène derrière l'Elbe et la Saale, n'avait pas eu le temps d'achever ses armements. Il avait laissé bien des bataillons en arrière, et surtout la cavalerie, qu'il fallait réorganiser en entier. C'est à peine s'il avait un escadron à Lutzen et à Bautzen. Il profita des deux mois de l'armistice pour appeler en ligne tout ce qui n'avait pas encore rejoint, et au commencement du mois d'août il était à la tête de 300 000 fantassins et de 40 000 chevaux.

Mais, de leur côté, les alliés avaient aussi mis le temps à profit. Les Russes avaient fait avancer leurs réserves; les Prussiens s'étaient levés presque tous; les Autrichiens venaient de se joindre à eux, et Bernadotte avec les Suédois marchait pour les renforcer encore. C'était six ou sept cent mille hommes que Napoléon allait avoir à combattre.

Les alliés s'étaient partagés en trois masses : l'une en Bohême, la principale, sous les ordres de Schwartzemberg, la seconde en Silésie commandée par Blücher, la troisième en avant de Berlin, dirigée par Bernadotte. Napoléon à ces trois masses opposa trois armées, et lui, avec la garde et la réserve de cavalerie, s'apprêta, de Dresde, à courir partout où besoin serait.

Blücher attaqua le premier; entraîné par sa haine contre nous, il attendit à peine que l'armistice eût expiré, et dès le 12 du mois d'août il se mit en mouvement pour tomber le 16 sur nos avant-postes. Nos troupes se repliaient lorsque Napoléon arriva. Il les fit aussitôt reporter en avant, et Blücher, à la violence des coups, se doutant qu'il n'avait plus affaire à des lieutenants, mais au maître, recula à son tour. Les Français venaient de reprendre l'offensive de ce côté quand Napoléon fut appelé d'un autre.

La grande armée de Bohême avait franchi les montagnes et, poussant devant elle le maréchal Saint-Cyr, trop faible pour l'arrêter, descendait sur Dresde.

Napoléon fit volte-face et, laissant Macdonald à la poursuite de Blücher, il revint en Saxe. Il amenait avec lui le maréchal Ney. Son premier dessein était de franchir l'Elbe sur des ponts qu'il avait fait préparer à sept ou huit lieues au-dessus de Dresde, au fort de Kœnigstein, de déboucher avec 80 000 ou 100 000 hommes, de prendre par derrière et à revers la grande armée des alliés et de le culbuter sur la ville de Dresde, fortement occupée et défendue par Saint-Cyr.

Mais les rapports alarmés du maréchal, les craintes pleines de détresse des habitants de Dresde, les appels pressants du vieux roi de Saxe le décidèrent à y renoncer. Le 26 août, devançant ses troupes, il arrive à Dresde dans la matinée.

Vers trois heures du soir les alliés, établis sur l'amphithéâtre de collines qui entoure la ville, en descendirent pour attaquer. Napoléon n'avait encore à leur opposer que le corps de Saint-Cyr et la vieille garde, 25 000 à 30 000 hommes contre près de 200 000. Aussi, quelque habile et énergique que fût la résistance, les alliés gagnaient du terrain et commençaient à pénétrer dans les faubourgs quand la jeune garde arriva. Donnant deux divisions de cette jeune garde à Ney, deux divisions à Mortier, Napoléon leur ordonna de refouler tout ce qui aurait pénétré dans Dresde. Ney se jeta sur les Russes et les Prussiens, les expulsa de la barrière de Pyrna, d'un vaste jardin public qu'on appelle le Gross-Garten et les ramena jusqu'aux positions qu'ils occupaient le matin. Dresde était délivré.

Dans la nuit arrivèrent la grosse cavalerie, les parcs et les corps de Marmont et de Victor. Aussi le lendemain 27 août nous n'attendions plus l'ennemi, nous marchions à lui.

Tandis qu'à notre droite Murat, avec toute la cavalerie, faisait un grand détour pour prendre à revers la gauche des alliés et s'apprêtait avec l'aide de Victor à l'assaillir, à la pousser, à la renverser dans les gorges de Plauen, Ney, à la gauche, ayant sous ses ordres toute la cavalerie de la garde et les quatre divisions de la jeune garde, 30 000 hommes d'élite, s'avançait entre le Gross-Garten et l'Elbe pour chasser l'ennemi des villages où il s'appuyait, rejeter sa droite sur son centre et lui enlever la meilleure de ses communications avec la Bohême, la grande route de Dresde à Prague par Peterswalden. Ney perçait audacieusement dans la plaine, quand l'idée vint aux chefs alliés de se précipiter en masse sur lui, de l'arrêter de front, de le prendre en flanc et de le culbuter dans l'Elbe; mais sa ferme contenance imposa à tous : ils n'osèrent l'essayer. Peu après, en apprenant que 25000 des leurs venaient d'être pris ou tués à leur gauche, ils se mettaient en retraite et regagnaient la Bohême par des chemins presque impraticables; Murat et Victor occupèrent la grande route de Freyberg et Ney celle de Peterswalden.

La victoire avait déjà été féconde; Napoléon en attendait encore d'autres résultats. Empêché de passer l'Elbe à Kœnigstein pour venir prendre les alliés par derrière, il y avait embusqué Vandamme avec 30 000 hommes, et il espérait que ses autres lieutenants, pressant l'ennemi l'épée dans les reins, de manière à changer en déroute le désordre que déjà causait la défaite, Vandamme recueillerait et prisonniers, et canons, et bagages. Malheureusement Vandamme ne fut pas soutenu et, se trouvant tout d'un coup par delà les montagnes de la Bohême au milieu des hasards les plus imprévus et les plus contraires, il fut enveloppé, son corps d'armée presque détruit et lui pris. La victoire de Dresde se changea pour nous en désastre.

Ce malheur ne vint pas seul. Presque au même moment Macdonald était défait par Blücher sur les bords de la Katzbach et Oudinot par Bernadotte aux portes de Berlin. Napoléon ordonna à Ney d'aller prendre le commandement de l'armée d'Oudinot.

Après la bataille de Bautzen Oudinot avait été dirigé sur la route de Berlin pour contenir les corps de partisans qui, pendant que l'armée s'avançait en Silésie, auraient pu se répandre jusqu'à Dresde sur nos flancs et nos derrières. L'armistice de Pleiswitz l'avait trouvé en marche. A la reprise des hostilités il avait été renforcé, et avec environ 70 000 hommes il avait reçu l'ordre de pousser en avant et d'entrer à Berlin. Mais Berlin était alors couvert par Bernadotte et une armée de plus de 100 000 hommes. Oudinot, sans doute pour donner la main à une colonne qui, sortie de Magdebourg, devait l'aider dans sa tâche, avait quitté la route de la Lusace pour se porter à gauche et se rapprocher de la route de Wittemberg à Berlin par Potsdam. Il avait rencontré Bernadotte à Gross-Beeren, l'avait attaqué sans ensemble et avait été battu. Poursuivi par l'ennemi, il était venu se réfugier sous le canon de Wittemberg. Par suite de ce mouvement, les communications de Dresde avec l'armée de Silésie n'étaient plus protégées et les corps avancés de Bernadotte pouvaient arriver jusque sur les derrières de Macdonald. Napoléon était extrêmement mécontent : « Il est vraiment difficile, écrivait-il à Ney, d'avoir moins de tête que le duc de Reggio. » Dans un pareil état de choses, ce qu'il y avait à faire c'était de ramener au plus vite l'armée d'Oudinot sur la route de Berlin à Bautzen : Ney en reçut l'ordre. Il lui était prescrit de se mettre en marche le 4 septembre et d'être le 6 à Baruth, sur le chemin de la Lusace. Napoléon quitterait Dresde avec la cavalerie, deux corps d'armée et la garde, établirait son quartier général à Hoyerswerda, pousserait un de ses corps jusqu'à Luckau, à une journée du maréchal Ney, et Ney ainsi soutenu donnerait tête baissée sur tout ce qu'il trouverait devant lui, l'enfoncerait et entrerait à Berlin.

Ney ne perdit pas de temps ; arrivé à Wittemberg dans les premiers jours de septembre, il réorganisa ses trois corps d'armée et se mit en marche au jour dit. Le 5 il rencontra les Prussiens, les culbuta et s'apprêta le 6 à continuer sa marche. Ce jour-là encore Ney s'attendait à n'avoir affaire qu'au corps d'armée de Tauenzien qu'il avait battu la veille. Il savait bien que Bernadotte était établi à sa gauche, sur la grande route de Wittemberg à Berlin ; mais il le croyait étendu dans la direction de Magdebourg, et il espérait défiler sur son flanc avant que Bernadotte eût le temps de réunir ses forces.

Le 6 Ney, avec son aile gauche, formée par le quatrième corps, s'avançait sur Juterbock, où il voulait prendre position et de là protéger son centre et sa droite, qui marchaient parallèlement à lui, mais un peu en arrière. Au défilé de Dennewitz il rencontra l'ennemi. C'était toujours Tauenzien. Ney repoussa ses tirailleurs, franchit le petit ruisseau de l'Agerbac au village de Dennewitz, enleva des monticules au delà, s'y appuya et se déploya à droite dans la direction du village de Rœrbeck. De là, maître de positions dominantes, il foudroyait l'ennemi, lorsque Bulow accourut avec 40 000 hommes au secours de Tauenzien et prit Ney en flanc. Reynier et le septième corps approchaient : Ney les amena à son aile gauche pour faire face à Bulow. L'armée de Ney se trouva disposée en forme d'équerre, le quatrième corps par delà l'Agerbach s'étendant vers Rœrbeck et le septième en deçà du ruisseau, ramené le long de la route que Ney avait suivie le matin. Le sommet de l'angle était un peu en avant de Dennewitz.

Le but de Ney étant non pas de rester maître du champ de bataille, ce qui n'eût abouti à rien, mais d'arriver à Baruth ou à Luckau sur la route de Berlin à Bautzen ; il fallait redresser la ligne, faire effort à l'extrême droite, culbuter Tauenzien, qui occupait la route de Juterbock, pour s'écouler ensuite vers le village. Ney appela à lui le douzième corps, celui d'Oudinot. Au moment où ce corps débouchait sur le champ de bataille, les Saxons de Reynier, à la gauche, étaient vivement pressés, et on apercevait encore des masses épaisses, le reste des troupes de Bernadotte, qui s'avançaient pour les tourner.

Oudinot crut qu'il était urgent de parer à ce danger. Gagnant à travers champs, il alla derrière Reynier se ranger en seconde ligne. Ney lui envoya l'ordre de revenir à la droite ; mais quand cet ordre lui parvint, Oudinot était déjà engagé. Cependant il retirait ses troupes de la mêlée et commençait son mouvement vers la droite, lorsque les Saxons, s'imaginant qu'on les abandonnait, lâchèrent pied. En même temps Bulow et Tauenzien se ruaient sur notre centre, le forçaient et passaient l'Agerbach. Ney essayait de les arrêter en lançant sur eux sa cavalerie; mais, aveuglés par les tourbillons de poussière que soulevait un vent des plus violents, nos escadrons ne pouvaient charger, et assaillis eux-mêmes par la cavalerie prussienne, ils se renversaient sur l'infanterie et achevaient d'y porter le désordre. La trouée faite, les Prussiens, cavaliers et fantassins, s'y précipitèrent, coupèrent en deux les Français et les jetèrent morcelés partie sur Torgau, partie sur Wittemberg.

Ney avait rallié ses débris sur l'Elbe, il essayait de les réorganiser; mais la défaite avait produit sur ses troupes des effets désastreux : elle avait relâché et comme brisé tous les liens de l'obéissance. Chaque chef de corps, sans tenir compte des ordres qu'il recevait, s'établissait là où il voulait et comme il le voulait. De plus, entre Ney et ses principaux lieutenants avait éclaté la mésintelligence. Ils se renvoyaient mutuellement la responsabilité des revers qu'ils venaient d'éprouver. Ney accusait Oudinot d'avoir obéi avec lenteur, Reynier d'avoir laissé débander ses soldats, et Reynier et Oudinot lui répondaient en l'accusant d'avoir mal pris ses mesures. De reproches en récriminations, on en était venu à l'aigreur et presque à l'animosité de la haine. Le chef sentait ses lieutenants lui échapper et son armée sur le point de se dissoudre. « C'est un enfer, » écrivait-il au major-général, et il ajoutait qu'il aimerait mieux être simple grenadier que de commander dans de pareilles conditions.

Ney suppliait l'Empereur de le rappeler ou de faire qu'il n'eût plus sous ses ordres que des généraux de division chargés de commander ses ailes. Napoléon le laissa à la tête de cette armée, mais il manda Oudinot auprès de lui et fit verser les troupes qui composaient le douzième corps dans le septième, celui de Reynier, et dans le quatrième, que commandait Bertrand.

Ney n'avait plus que de 35000 à 40000 hommes. Il ne pouvait plus rien oser contre les 100000 hommes de Bernadotte. Il fit traverser l'Elbe à ses troupes et les disposa de Torgau à Dessau le long du fleuve, de manière à en défendre les passages.

C'était le moment où, las enfin, avec une si grande supériorité de nombre, d'être tenus en échec par Napoléon à Dresde, les coalisés se décidaient à s'étendre par leurs ailes, à se donner la main dans les plaines de Leipsick et à s'interposer en masse entre la France et l'armée française. Tandis que la grande armée de Schwartzenberg se mettait en mouvement pour franchir loin derrière nous les montagnes de la Bohême, Blücher et l'armée de Silésie se dérobaient habilement à nos avant-postes et, descendant l'Elbe, allaient près de Wittemberg se réunir à Bernadotte.

Dans la nuit du 2 au 3 octobre, Blücher jeta un pont entre Torgau et Wittemberg et passa l'Elbe. Ney, croyant n'avoir affaire qu'à un des corps de Bernadotte, envoya Bertrand pour le rejeter de l'autre côté du fleuve; mais Bertrand se trouva en face de l'armée de Silésie tout entière. Il n'avait que 12000 à 15000 hommes à opposer à 60000. Néanmoins il engagea la lutte, et depuis sept heures du matin jusqu'à six heures du soir il la soutint. Maître du château de Wartembourg, embusqué derrière des digues, il couvrit le champ de bataille des cadavres de l'ennemi, et n'éprouva que des pertes légères en comparaison de celles qu'il faisait subir à Blücher; mais, forcé à sa droite, là où combattaient les Wurtembergeois, il fut obligé de se retirer. Il rejoignit Ney dans les environs de Dessau.

En même temps que Blücher franchissait l'Elbe en face de Wartembourg, Bernadotte le passait à Rosslau et à Acken. Ney, déjà tourné sur sa droite, allait être attaqué de front et pris par derrière. Il passa la Mülde, un des affluents de l'Elbe, et, se couvrant de cette rivière dont il remontait la rive gauche, il se rapprocha de Leipsick. Arrivé en avant de cette ville, à Dölich, il voulait s'y arrêter. Les partis qu'il envoya dans la direction de Halle tombèrent sur des corps nombreux de cavalerie et furent vivement ramenés. D'un autre côté, la division Dombrowski, qui formait l'arrière-garde de Ney, assaillie dans la petite ville de Bitterfeld, en fut chassée et, en se retirant, elle aperçut d'épaisses colonnes, 3000 à 4000 cavaliers qui passaient la Mülde, de la rive droite sur la rive gauche. Tout semblait l'indiquer, les deux armées de Silésie et du Nord se réunissaient entre la Mülde et la Saale, et d'un instant à l'autre Ney pouvait les avoir sur les bras. Ney appela Marmont à son aide. Ensemble ils pourraient peut-être résister à l'ennemi. Marmont vint, mais seulement pour donner des conseils. Suivant lui, rien ne pressait encore; l'ennemi n'avait pas prononcé sa marche : jusqu'à ce qu'il eût démasqué ses mouvements, il fallait attendre là où l'on était, Marmont sur la Mülde et Ney étendu jusque vers la Saale pour protéger Leipsick. Avec des troupes solides, Ney peut-être eût défendu cette ligne, si développée qu'elle fût ; mais avec une armée composée en grande partie d'Allemands qui n'attendaient qu'une occasion pour se tourner du côté de l'ennemi, il craignit de s'exposer à un désastre, replia ses divers corps, repassa la haute Mülde, attira à lui les troupes de Souham qui descendaient l'Elbe et dès lors n'eut plus rien à redouter de Blücher ni de Bernadotte.

Mais Ney, en agissant de la sorte, ne s'était pas conformé aux avis de Marmont ; Marmont désapprouvait ses opérations. Dans ses mémoires il le représente comme un brave soldat sur le champ de bataille, mais comme une tête faible dans un cabinet. « Nous ne pûmes nous comprendre, dit-il à l'occasion de l'entrevue qu'il eut avec Ney ; il n'entendait rien à la combinaison des mouvements. Jamais, ajoute-t-il, les calculs ne dirigeaient ses actions ; c'était toujours chez lui le résultat de la sensation du moment et comme un effet de l'état de son sang. » Et il le montre alors cédant à « une crainte irréfléchie et exagérée ».

Aussi, tout de suite après cette entrevue, Marmont s'était-il hâté d'écrire à Napoléon, à Dresde, « que rien ne serait plus fâcheux pour son service que de voir la direction des opérations, dans la position délicate où l'on était, confiée aux mêmes mains ». Il était donc urgent que Napoléon vînt, car s'il ne venait pas, on allait faire *de la mauvaise besogne;* Marmont ne pouvait en douter aux dispositions qu'il voyait prendre. Le premier ordre qu'il recevait, s'il l'exécutait, compromettrait l'armée « de la manière la plus éminente ; car il n'avait été le résultat d'aucune espèce de calcul ni de temps ni d'opérations ».

Napoléon arriva, mais ce fut pour blâmer Marmont. Il lui fit écrire par le major-général une lettre « de reproches », et lui donna l'ordre de revenir de Leipsick, où Marmont s'était reporté pour concourir sur la Mülde aux opérations qu'avec Ney, Macdonald et la garde il allait diriger contre les armées de Silésie et du Nord.

Bertrand avait détruit le pont de Blücher à Wartembourg, Reynier soutenu de Macdonald avait passé l'Elbe à Wittemberg, culbuté le corps prussien qui bloquait cette place et l'avait rejeté sur Roslau, Ney, après avoir pris ou tué 3000 hommes, était rentré dans Dessau, lorsqu'on reçut la nouvelle que la grande armée de Bohême, faiblement contenue par Murat, descendait le long de la Pleisse et de l'Elbe, tandis que Blücher et Bernadotte, réfugiés jusque sur la Saale, remontaient cette rivière. Il fallait au plus vite courir entre les deux masses de l'ennemi pour les empêcher de se réunir. Napoléon donna l'ordre à ses divers corps d'armée de rétrograder et les dirigea sur Leipsick. Le 16 octobre, il engagea contre Schwartzenberg la bataille de Wachau.

Tandis qu'il luttait au sud de Leipsick, Napoléon avait laissé Ney au nord avec les corps de Marmont, de Bertrand, de Souham, pour faire face aux armées de Silésie et du Nord.

Mais la grande armée de Bohême paraissait vouloir s'étendre sur sa gauche : une bonne partie des Autrichiens était entre la Pleisse et l'Elster; un de leurs corps, celui de Giulay, avec des nuées de cavaliers, s'avançait du côté de Lutzen ; il semblait que ce fût dans les vastes plaines comprises entre l'Elster et la Saale que la réunion des armées alliées dût se faire et que le corps de Giulay fût destiné à les joindre.

Dans ce cas il ne servait à rien de laisser au nord de Leipsick des masses de troupes qui n'auraient presque pas d'ennemis à combattre, tandis qu'amenées en renfort et jetées dans le flanc des coalisés, restés sur la droite de la Pleisse, elles pourraient les culbuter dans cette rivière fangeuse et les y accabler. Napoléon envoya dire au maréchal Ney d'amener toutes ses troupes du nord au sud de Leipsick pour prendre part à la bataille.

Cet ordre commençait à s'exécuter, lorsque Marmont, qui était en avant de Leipsick sur la route de Halle, fut assailli par Blücher. Force lui fut de prendre position pour résister. Ney envoya à son secours les Polonais de Dombrowski. En même temps il fit dire à Delmas, qui revenait de la Mülde sur Leipsick et approchait avec une division du corps de Souham, de tourner à droite et d'aller appuyer Marmont et les Polonais.

A ce moment le canon retentissait dans la direction de Lindenau; c'étaient les Autrichiens de Giulay qui cherchaient à s'emparer de la chaussée et des ponts qui traversent les prairies marécageuses formées par la Pleisse et l'Elster. On ne pouvait laisser aux mains de l'ennemi la seule route par laquelle, en cas de malheur, nous pussions regagner le Rhin : Ney y envoya Bertrand.

Le combat se soutenait du côté de Marmont; Bertrand paraissait devoir triompher de la résistance qu'il rencontrait; Ney se mit à la tête des troupes qui lui restaient, de deux divisions du corps de Souham, et se dirigea vers la grande lutte du côté de Wachau. Il n'en était plus qu'à peu de distance, lorsqu'il lui arriva aide de camp sur aide de camp de la part du duc de Raguse. Marmont avait sur les bras l'armée de Silésie tout entière; il allait succomber si on ne venait promptement à son aide. Napoléon ordonna à Ney de retourner vers Leipsick. Il y arriva à la nuit et ne fut d'aucun secours à Marmont, tandis qu'à Wachau ses dix mille hommes, joints à tout ce qu'on aurait pu réunir de réserve et menés par lui contre le flanc de l'ennemi ébranlé, auraient pu achever sa défaite. Au lieu d'une victoire complète, nous n'avions obtenu qu'un demi-succès : nous étions restés maîtres du champ de bataille.

Puisque nous n'avions pas accablé les coalisés ou au moins une partie d'entre eux lorsqu'ils étaient séparés, nous ne pouvions plus espérer de le faire maintenant qu'ils allaient être réunis. Il fallait au plus vite se retirer. Napoléon voulut garder les apparences d'un vainqueur et rester, le 17, sur le champ de bataille; mais le 18, quand il se replia sur Leipsick, il n'était plus temps, l'ennemi l'attaqua.

Les alliés avaient fait leur jonction dans les vastes plaines à l'est de Leipsick. Bernadotte et Beningsen leur avaient amené 100000 hommes de renfort et ils nous entouraient avec plus de 300 000 combattants. Nous, nous en avions à peine 130 000 à leur opposer. Nous nous étions rapprochés de Leipsick et nous formions, en avant de la ville, un demi-cercle dont les extrémités s'appuyaient d'une part à la Pleisse et de l'autre à une petite rivière qui traverse Leipsick au nord, la Partha. Murat était à droite, Napoléon au centre et Ney à gauche. Ney avait sous ses ordres les corps de Marmont et de Reynier en première ligne et celui de Souham en réserve. C'était environ 40 000 hommes, mais il allait avoir affaire à 100 000.

La bataille était engagée à la droite et au centre. A la gauche les armées de Silésie et du Nord achevaient leurs mouvements et s'avançaient contre Ney.

Bernadotte approchait du village de Paunsdorf, que nous occupions, lorsque tout d'un coup la cavalerie saxonne et wurtembergeoise se détache de notre ligne et se porte en avant. Étonné de lui voir exécuter un ordre qu'il n'a point donné, Reynier court à elle et lui demande ce qu'elle fait ? Des officiers, les larmes aux yeux, le supplient de se retirer : ils désertaient ! Un instant après, l'infanterie, elle aussi, passe à l'ennemi. « J'ai usé une partie de mes munitions contre vous, dit aux alliés l'officier qui commande l'artillerie saxonne, je vais user le reste pour vous ; » et, en effet, sur la demande que lui en fait Bernadotte, il retourne aussitôt ses canons et tire sur les Français. Écrasée dans Paunsdorf, la division Durutte, la seule qui reste maintenant à Reynier, va y être anéantie ; Ney mène à son secours une division de Souham. Delmas qui la commande, vieux soldat de la République, déploie ses troupes sous la mitraille et les y tient : mais, frappé à mort, il tombe, et ses débris et ceux de Durutte sont renversés ; notre ligne est ouverte ! L'ennemi se précipite dans la trouée ; mais déjà Ney a reformé les soldats rompus de Durutte et de Delmas : il les ramène, arrête les Prussiens et les Russes, tandis que l'artillerie légère de la garde, accourue au galop, les prend en flanc et que la cavalerie de Nansouty les charge à plusieurs reprises : ils reculent.

A peine le danger est-il éloigné de ce côté, que Ney est obligé de courir le repousser d'un autre. Marmont, qui jusque-là a résisté héroïquement aux efforts de Blücher, qui, chassé sept fois du village de Schönfeld, y est rentré sept fois, plie enfin. Il n'a plus qu'une poignée d'hommes ; ses munitions sont épuisées ; ses canons hors de service. Ney le relève, met en batterie les pièces du troisième corps, déploie la division Brayer, et lui-même, à la tête de la division Ricard, rentre, baïonnette baissée, dans Schönfeld et en expulse pour la huitième fois les Russes. La nuit arrive et met fin à la lutte.

La retraite devait commencer au point du jour :

l'ennemi accourut, et bientôt dans Leipisk ce ne fut plus que tumulte. Au dehors, la canonnade et la fusillade; au-dedans, la fusillade encore, et du bruit, et des cris, et des flots d'hommes, de chevaux, de voitures arrivant de trois côtés à la fois et se choquant, se poussant, se pressant aux abords de la seule issue qu'il y eût pour sortir de la ville et gagner la chaussée de Lindenau, au pont jeté sur la Pleisse. Ney et le troisième corps l'avaient passé, lorsqu'une détonation se fit entendre. C'était le pont qui sautait. Il était miné, et un caporal de sapeurs, croyant voir arriver l'ennemi, y avait mis le feu. Reynier, Lauriston, Macdonald et Poniatowski étaient encore dans Leipsick. Macdonald se jeta dans la rivière et la traversa; Poniatowski se noya; Reynier et Lauriston furent pris et 15000 hommes avec eux.

Les restes de l'armée française se dirigeaient vers la France. A Hanau, les Bavarois, qui eux aussi venaient de nous abandonner, se mirent en travers de notre route. Nous leurs passâmes sur le corps et nous rentrâmes à Mayence.

1814

Ney était revenu blessé de Leipsick. Pour la première fois, dans sa famille, auprès de sa femme, au milieu de ses enfants, il paraissait triste et sombre. On osait à peine lui parler. C'est qu'en ce moment se déchirait le voile qui lui avait jusqu'alors caché l'avenir. En 1813, même après les désastres de Russie, Ney s'était élancé plein de confiance en Allemagne. Il n'avait que des enfants à mener au combat; mais, en les embrasant de son ardeur, il était sûr d'en faire des héros, et, en effet, à Lützen, à Bautzen et à Dresde ces enfants avaient ressaisi la victoire. Mais la défaite n'avait pas fait tomber les armes des mains de nos ennemis; au contraire, ils n'en étaient devenus que plus acharnés à la lutte; pour nous résister, les Prussiens et les Russes, ne se sentant pas encore assez forts, avaient appelé à leur aide, et de tous les côtés s'étaient levés des adversaires contre nous.

Nous avions été accablés sous le nombre et il nous avait fallu reculer jusqu'à nos frontières. L'Europe en armes nous y avait suivis. S'y arrêterait-elle? ne les passerait-elle point? N'envahirait-elle point notre sol? Et alors comment la France épuisée pourrait-elle défendre non plus sa puissance renversée, mais même son existence compromise? Ces pensées, qui ne cessaient de s'offrir à l'esprit de Ney, le remplissaient d'une douleur toute patriotique. Les périls des champs de bataille vinrent y faire diversion.

Les alliés, ne nous laissant pas respirer, franchissaient le Rhin, Schwartzenberg à Bâle, Blücher au-dessous de Mayence, et, contournant les Vosges, poussaient devant eux nos débris. Ney, Marmont, Victor se repliaient; Napoléon les rejoignit sur la Marne. A partir de ce moment, pendant les deux mois que dura la campagne de France[1], Ney ne quitta plus l'Empereur. Il était avec lui à Brienne, à la Rothière, à Champaubert, à Montmirail, à Vauxchamps, à Montereau; il était avec lui à Craonne, à Laon, à Arcis; il le suivait encore par delà la Marne, dans la manœuvre qu'il tentait sur les derrières des alliés, lorsque à Saint-Dizier Napoléon apprit que l'ennemi, qu'il espérait faire revenir sur le Rhin, le laissait aller et marchait sur Paris. Aussitôt, changeant de résolution, il fit faire volte-face à ses troupes, chargea ses lieutenants de les ramener par Troyes et la rive gauche de la Seine, tandis que lui, courant nuit et jour, à cheval, en voiture, vers Paris, irait par une résistance désespérée leur donner le temps de venir à sa défense. Mais, quelque diligence qu'il fît, il arriva trop tard : Paris s'était rendu. Un instant Napoléon plia sous ce coup; mais bientôt, se relevant avec plus d'énergie, il conçut de nouveaux plans, enfanta de nouveaux projets et, pour les mettre à exécution, n'attendit plus que la réunion de ses forces. Il les concentra autour de Fontainebleau.

Le 3 avril au matin, la garde était rangée dans la grande cour du palais; Napoléon descendit l'escalier en forme de fer à cheval, passa lentement devant chaque ligne, examina avec attention chaque soldat, sembla demander à chaque homme ce qu'après une si rude campagne il avait encore de forces à lui donner, puis, la revue terminée, il fit appeler au centre de la cour les officiers et les sous-officiers, et là, la figure animée, la voix brève, il leur dit :

« L'ennemi nous a dérobé trois marches; il est entré dans Paris. J'ai offert à l'empereur Alexandre une paix achetée par de grands sacrifices : la France avec ses anciennes limites, en renonçant à nos conquêtes, en perdant tout ce que nous avons gagné depuis la Révolution. Non seulement il a refusé, il a fait plus encore : par les suggestions perfides de ces émigrés auxquels j'ai accordé la vie et que j'ai comblés de bienfaits, il les autorise à porter la cocarde blanche, et bientôt il voudra la substituer à notre cocarde nationale. Dans peu de jours j'irai l'attaquer à Paris; je compte sur vous... Ai-je raison? » A ce mot, officiers et sous-officiers crièrent : « Vive l'empereur! à Paris ! à Paris! »

« Nous irons, reprit Napoléon, nous irons leur prouver que la nation française sait être maîtresse chez elle; que si nous l'avons été longtemps chez les autres, nous le serons toujours chez nous, et qu'enfin nous sommes capables de défendre notre cocarde, notre indépendance et l'intégrité de notre territoire. Communiquez ces sentiments à vos soldats! »

Officiers et sous-officiers allèrent porter ces paroles de rang en rang; et tous, exaltés, tandis que la musique des régiments jouait la *Marseillaise* et le *Chant du départ*, défilèrent devant Napoléon, aux cris poussés avec frénésie de : « Vive l'Empereur, à Paris! à Paris! »

Ainsi donc, on allait chercher les étrangers, on

allait, partout où on les trouverait, hors de Paris, dans Paris, se jeter sur eux, et, dans un suprême effort, vaincre ou mourir. Sans doute, la victoire, si on la remportait, serait féconde en résultats : refoulés dans Paris par l'armée, assaillis au milieu des rues par le peuple soulevé, les ennemis y seraient anéantis; ou s'ils en sortaient, ils n'en sortiraient qu'en lambeaux pour être rejetés sur les départements du Nord et de l'Est, où les paysans en armes les extermineraient jusqu'au dernier. Mais avait-on chance de vaincre?

Napoléon avait tout au plus 50 000 hommes et les coalisés 200 000. S'ils ne faisaient pas la faute de se partager entre les deux rives de la Seine, s'ils se présentaient tous en ligne, même avec Paris à dos, comment, lorsque l'on était si inférieur en nombre, espérer de les forcer? Mais fût-on assez heureux pour y parvenir, n'était-il pas à craindre que, la lutte se continuant dans Paris, Paris devenant le champ de bataille, les alliés exaspérés et n'ayant plus rien à ménager, ne fissent de la capitale de la France un autre Moscou et, s'il leur fallait périr, n'ensevelissent avec eux, sous les décombres, les femmes et les enfants de leurs vainqueurs? Qui n'aurait reculé à l'idée de devenir ainsi la cause première de la mort des siens? Qui n'aurait reculé à l'idée de s'avancer en foulant aux pieds les ruines de sa maison et les cadavres de ses proches? Ces pensées épouvantaient les chefs de l'armée.

Ils venaient d'apprendre que les alliés ne voulaient plus traiter avec Napoléon, qu'ils l'avaient publiquement annoncé; qu'ils avaient, pour remplacer le sien, organisé un gouvernement, et que ce gouvernement, au nom d'une partie des membres du Sénat et du Corps législatif, avait déclaré Napoléon déchu du trône et avait délié tous les Français de la fidélité qu'ils lui devaient. Mis ainsi hors la loi, Napoléon parut aux généraux l'homme qui, tombant dans l'abîme, étend les mains et s'accroche à tout ce qu'il peut saisir, sans se préoccuper de ce qu'il entraînera avec lui dans sa chute. Ils jugèrent ses projets dangereux pour l'armée, dangereux pour Paris, dangereux pour la France, dangereux pour eux-mêmes, et résolurent de l'y faire renoncer.

Le lendemain 4 avril, Napoléon, après la parade, remontait dans ses appartements; les maréchaux l'y suivirent; c'étaient Lefebvre, Oudinot et Ney.

Napoléon était dans son cabinet avec Berthier, Maret et Caulaincourt; il venait de déposer sur une table son chapeau et son épée; il marchait et parlait avec animation lorsque les maréchaux entrèrent.

Leur contenance était embarrassée; les habitudes de l'obéissance, le respect du chef et aussi la majesté du malheur leur imposaient, au moment où ils faisaient auprès de l'Empereur une démarche qui était presque un acte de rébellion. Napoléon vint à eux; il leur demanda s'ils avaient des nouvelles de Paris. Ils en avaient, répondirent-ils, et de bien fâcheuses; les affaires se compliquaient de plus en plus. A chaque instant une déclaration des alliés, un acte du gouvernement provisoire, un décret du Sénat ou du Corps législatif aggravaient la situation au point que l'on ne voyait plus le moyen d'en sortir. « Le moyen d'en sortir, reprit Napoléon, il dépend de nous, il dépend de notre courage! Regardez ces braves soldats, ils n'ont pas de grades à conserver, de dotations à sauver, et cependant ils ne demandent qu'à marcher, qu'à combattre; ils sont prêts à mourir pour arracher la France des mains de l'étranger. Suivons-les.

« Les coalisés sont partagés entre les deux rives de la Seine et dispersés dans une ville immense ; abordons-les vigoureusement, et ils sont perdus. Les Parisiens sont frémissants : ils se lèveront, ils ne laisseront pas partir l'ennemi sans le harceler, et les paysans l'achèveront. » Puis, venant à l'énumération de ses forces, Napoléon chercha à prouver à ses lieutenants qu'en attirant à lui Eugène, Augereau, Soult et Suchet, en réunissant leurs troupes à celles qui lui restaient, il aurait de quoi jeter dans le Rhin tout ce qui serait sorti de Paris ou tout ce qui voudrait y rentrer. « Ainsi, ajouta-t-il en finissant, nous sauverons la France, nous sauverons notre honneur, et alors j'accepterai une paix modérée. Que faut-il pour tout cela? Un dernier effort qui nous permettra de jouir en repos de vingt-cinq années de travaux. »

Mais les maréchaux n'étaient pas convaincus. Ils répondirent que s'il était légitime de vouloir livrer une dernière bataille, dans le cas toutefois où elle pourrait être utile et ne serait pas l'occasion d'une irrémédiable catastrophe, il était affreux de la livrer dans Paris et de faire de notre capitale un autre Moscou. Napoléon répliqua qu'il ne choisissait pas son champ de bataille, qu'il prenait l'ennemi là où il le trouvait; puis, impatienté de tant de résistance, il demanda brusquement aux maréchaux si leur désir était de vivre sous les Bourbons? A cette question ils se récrièrent, et Ney affirma que sous les Bourbons ses enfants ne trouveraient ni bien-être ni même sûreté ; qu'il n'y avait pour eux qu'un souverain; que ce souverain, c'était le roi de Rome.

Le mot important était dit. Ce que voulaient les

maréchaux, c'est que Napoléon abdiquât. Ils espéraient que les alliés, quoiqu'ils eussent déclaré qu'ils ne traiteraient plus ni avec Napoléon, ni avec aucun membre de sa famille, une fois le père écarté, accepteraient le fils avec une régence. Dès lors l'Empire et tout ce qui s'y rattachait, ses institutions, son organisation, ceux qui le défendaient, ceux qui le servaient, tout enfin serait maintenu.

En vain Napoléon essaya-t-il de leur faire voir qu'ils étaient le jouet d'une illusion, que l'Empire sans l'Empereur n'était pas possible, que dans l'état d'agitation où allait se trouver la France, une minorité amènerait l'anarchie et l'anarchie les Bourbons. Les maréchaux ne l'écoutaient plus. En ce moment survint Macdonald. Il ne faisait que d'arriver à Fontainebleau avec ses troupes; mais, instruit de la tentative que faisaient ses collègues auprès de Napoléon, il accourait se joindre à eux.

« Eh bien, monsieur le maréchal, lui dit l'Empereur, quelles nouvelles nous apportez-vous? — De mauvaises, sire. On dit qu'il y a 200 000 ennemis dans Paris et que nous allons y livrer bataille. Cette idée est affreuse... N'est-il pas temps de finir? — Il ne s'agit pas de livrer bataille dans Paris, répliqua Napoléon; il s'agit de profiter des fautes de l'ennemi... » Et la discussion recommença. Macdonald tenait à la main une lettre qu'il venait de recevoir. Napoléon lui demanda ce qu'elle contenait.

« Sire, je n'ai rien de caché pour vous, dit Macdonald, lisez-la. — Ni moi pour vous, messieurs, repartit Napoléon; qu'on la lise à haute voix. » Et Maret lut la lettre. Elle était de Beurnonville, un des membres du nouveau gouvernement provisoire. Au nom de leur vieille amitié, au nom de la famille du maréchal, au nom de ses enfants menacés de périr dans les flammes de la capitale, il conjurait Macdonald de se séparer de l'homme qui n'était plus qu'un rebelle pour se donner au gouvernement légitime des Bourbons, qui allaient rentrer en France la paix dans une main, la liberté dans l'autre.

Tout le temps qu'avait duré la lecture de cette lettre, la figure de Napoléon avait été violemment contractée. Mais, reprenant bientôt sa puissance sur lui-même, il parla des traîtres qui, comme Beurnonville, livraient la France à l'étranger et préparaient la contre-révolution ; ensuite il en revint à l'idée de marcher sur Paris et d'y attaquer les alliés. « Marcher sur Paris! reprit Macdonald ; sire, c'est un projet auquel il faut renoncer; pas une épée ne sera tirée du fourreau pour vous seconder dans une pareille affaire! »

Et Ney, appuyant Macdonald, sembla dire qu'on aurait beau donner l'ordre aux troupes de marcher, elles n'obéiraient pas. « Elles n'obéiront pas! A vous, c'est possible, leur répondit Napoléon; mais moi, je n'ai qu'un mot à leur dire pour les conduire où je voudrai. » Et, blessé, il alla s'asseoir à l'écart sur un canapé. Il y était depuis quelques instants à réfléchir, quand, se frappant la cuisse avec une sorte de contraction nerveuse : « Non! s'écria-t-il, point de régence; avec ma garde et le corps de Marmont, je serai demain à Paris! » Macdonald et Ney voulurent encore lui faire des observations; mais, se levant et se frottant la tête avec la main, comme lorsqu'il était violemment agité, il leur dit d'une voix impérieuse : « Sortez, messieurs, sortez! » Les maréchaux sortirent, étonnés de ce qu'ils avaient osé faire.

Le coup était porté. Napoléon, en effet, après leur

départ, se démena encore pendant quelque temps dans son cabinet, marchant à grands pas, se plaignant de la fortune, se plaignant des hommes, les accusant de faiblesse, d'ingratitude; puis, revenant peu à peu à regarder avec plus de sang-froid sa situation, il la vit ce qu'elle était : désespérée. Devant lui, dans Paris, il avait l'ennemi, et avec l'ennemi une révolution politique qui, après avoir désorganisé la capitale, menaçait de désorganiser la France; autour de lui, à Fontainebleau, de braves soldats; mais des soldats que leurs chefs allaient remplir de trouble et dont ils allaient briser la force en même temps que l'union. Napoléon, par l'indocilité des maréchaux, se trouverait donc désarmé en face d'ennemis qui ne voulaient plus traiter avec lui. Il se résigna et saisit la seule planche qui, dans le naufrage, s'offrît à lui. Il s'assit à une table et rédigea en ces termes l'acte par lequel il abdiquait en faveur du roi de Rome :

« Les puissances alliées ayant déclaré que l'Empereur Napoléon était le seul obstacle au rétablissement de la paix en Europe, l'Empereur Napoléon, fidèle à son serment, déclare qu'il est prêt à descendre du trône, à quitter la France et même la vie pour le bien de la patrie, inséparable des droits de son fils, de ceux de l'impératrice, du maintien des lois de l'Empire. »

Ensuite Napoléon fit rappeler les maréchaux. Il leur dit qu'il avait pensé à tout ce que la marche des évènements avait fait naître en eux de réflexions; que, puisque les alliés prétendaient que lui seul était un obstacle à la paix, il consentait à mettre leur bonne foi à l'épreuve; qu'en conséquence il renonçait à l'Empire en faveur de son fils, et il leur lut son abdication. Lorsqu'il eut fini, il leur demanda s'ils étaient contents? Pour toute réponse, les maréchaux lui prirent les mains et les lui pressèrent avec émotion.

Napoléon allait mettre à cette pièce la dernière formalité, il allait y apposer son nom, quand, s'arrêtant : « Et pourtant, dit-il, pourtant en deux heures, si nous le voulions ! » et ses regards se portèrent sur les maréchaux : ils baissaient la tête : Napoléon signa.

« Maintenant, messieurs, dit-il en se relevant, il faut aller défendre, près des puissances alliées, les intérêts de mon fils, les intérêts de l'armée et surtout ceux de la France. Je nomme pour mes commissaires le duc de Vicence et les maréchaux prince de la Moscowa et duc de Raguse... Il me semble que tous ces intérêts sont remis en de bonnes mains. » Tous s'inclinèrent.

Marmont n'était pas à Fontainebleau ; mais Ney et Caulaincourt, en passant par son quartier général, devaient le prendre avec eux et l'emmener à Paris.

Cependant, comme les maréchaux venaient de sortir de son cabinet, Napoléon se dit que la négociation qu'ils allaient tenter pouvait ne pas réussir ; que peut-être, et il le souhaitait, il faudrait en revenir à l'arbitrage suprême des combats, et dans ce cas Marmont, établi à Essonne, à l'extrême avant-garde, lui était nécessaire. Il songea à le remplacer, et son choix s'arrêta sur Macdonald, qu'il n'aimait pas, mais qu'il regardait comme un homme d'honneur.

Macdonald était encore dans la grande galerie du palais; Caulaincourt le ramena. « Duc de Tarente, lui dit Napoléon, vous croyez donc que la régence est la seule chose possible? — Oui, sire. — Eh bien, c'est vous que je charge d'aller trouver l'empereur Alexandre; vous irez avec Ney, à la place de Marmont; il vaut mieux qu'il reste à son corps d'armée, sa présence y est indispensable. Partez avec Ney; je me confie à vous : j'espère que vous avez oublié ce qui nous a séparés pendant longtemps. — Oui, sire; je n'y pense plus depuis 1809. — J'en suis bien aise, monsieur le maréchal; mais, il faut que je vous le dise : j'avais tort. — Sire! »

L'Empereur, en parlant au maréchal, éprouvait une émotion inaccoutumée; il s'approcha de lui, lui serra la main de la manière la plus affectueuse et n'ajouta que ce seul mot : « Partez! »

Il était presque nuit lorsque les maréchaux arrivèrent au quartier général de Marmont à Essonne. Ils lui apprirent l'abdication de l'Empereur et la négociation dont ils étaient chargés. Ils lui dirent pour quelle raison Napoléon, après l'avoir d'abord désigné comme l'un des plénipotentiaires, l'avait ensuite remplacé par Macdonald. Toutefois l'Empereur, si Marmont croyait pouvoir quitter sans danger le poste qui lui était confié, l'avait laissé libre de suivre ses collègues à Paris. Les maréchaux le pressaient de se joindre à eux. Marmont, pendant tout ce temps, paraissait préoccupé et contraint. Il finit par avouer que, sur l'invitation qu'il avait reçue de se rallier au gouvernement provisoire, il était entré en pourparlers avec le prince de Schwartzenberg. Son intention était de conduire ses troupes en Normandie et de les mettre sous les ordres du nouveau gouvernement.

Les maréchaux le blâmèrent d'avoir cherché à séparer sa cause de celle de l'armée. Mais si, comme il le disait, il n'avait rien conclu encore, il pouvait rompre les négociations. Marmont le promit et se décida à accompagner ses collègues à Paris.

Après le dîner, la permission de franchir les avant-postes ennemis étant arrivée, on se mit en route. Il fallait l'autorisation du prince de Schwartzenberg pour que les maréchaux pussent se rendre auprès des souverains alliés; on passa par Petit-Bourg, son quartier général. Quand on y fut arrivé, Marmont donna un prétexte pour ne point entrer chez le prince avec ses collègues. Les maréchaux n'insistèrent pas. Marmont pouvait être gêné d'avoir à s'expliquer devant eux. Leur visite faite au généralissime des alliés, les négociateurs allèrent chez le prince de Wurtemberg, qui occupait une maison voisine de celle de Schwartzenberg. Le prince, comme tous les Allemands, était animé de passions violentes contre la France. Il s'y abandonna et, accusant l'ambition qui nous avait poussés à vouloir soumettre à notre joug tous les peuples, il alla jusqu'à dire que nous en recevions aujourd'hui le juste châtiment. Ney ne put tolérer ces paroles, il les releva et dit au prince que si, en Europe, il y avait une maison qui n'eût pas le droit de se plaindre de l'ambition de la France, c'était la maison de Wurtemberg, parce qu'elle en avait profité.

On se radoucit de part et d'autre et la conversation prit un ton plus modéré. Dans le cours de l'entretien le prince dit aux maréchaux qu'un de leurs corps d'armée allait les abandonner, que Marmont passait du côté des alliés. Les maréchaux lui firent remarquer que cette démarche si grave n'avait été qu'un projet, qu'aucune convention n'en garantissait l'exécution; mais le prince prétendit qu'il y avait des engagements formels et que Marmont ne pouvait s'y soustraire.

Étonnés de ce qu'ils venaient d'apprendre, les maréchaux en parlèrent à Marmont lorsqu'ils se retrouvèrent avec lui dans leur voiture; mais Marmont affirma qu'il n'avait pas pris d'engagements, que le prince de Wurtemberg était dans l'erreur; du reste, ajouta-t-il, il lui avait suffi d'un mot dit au prince de Schwartzenberg pour mettre fin à des pourparlers qui n'avaient pas eu d'effet. Vers une heure du matin, les plénipotentiaires se présentèrent chez l'empereur de Russie. Alexandre logeait chez M. de Talleyrand, et M. de Talleyrand était le chef du gouvernement provisoire et l'auteur de toutes les mesures prises dans ces derniers jours pour renverser Napoléon. C'était donc au fort de l'ennemi que les maréchaux allaient pénétrer. Aussi trouvèrent-ils les abords de l'empereur de Russie occupés par les membres du gouvernement provisoire et par ceux qui avaient pris une part aux derniers évènements. Tous étaient inquiets, effrayés, se demandant si la négociation qui allait s'ouvrir n'amènerait point pour eux la fuite, l'exil, la ruine? « Que voulez-vous faire, messieurs? dit aux maréchaux M. de Talleyrand. Si vous réussissez dans vos desseins, vous compromettez tous ceux qui sont entrés dans cette chambre depuis le 1er avril, et le nombre en est grand. »

Mais ce n'était pas avec M. de Talleyrand que les maréchaux avaient à traiter : ils demandèrent à parler à l'empereur de Russie; on les introduisit aussitôt.

Alexandre les reçut avec courtoisie. Il leur dit que ses alliés ne voulaient ni humilier ni contraindre la France, qu'ils n'étaient pas venus pour lui imposer un maître; mais, pour conquérir la paix et le repos, que celui qui troublait cette paix et ce repos écarté, ils étaient prêts à accepter le souverain que la France voudrait se donner. C'était à elle à se prononcer. Nul assurément, dans les circonstances présentes, n'avait plus de titres à émettre un avis, et un avis écouté, que les chefs de l'armée. Alexandre engageait donc les maréchaux à se concerter, et comme tous avaient acquis assez de gloire et rendu assez de services à leur pays pour être appelés à l'honneur de le gouverner, si leurs vues se portaient sur l'un d'eux, il promettait, au nom de l'Europe, de respecter leur choix.

A cette insinuation flatteuse, Ney répondit que des hommes de guerre sortis de la Révolution un seul s'était élevé assez haut pour régner sans conteste; que celui-là, condamné par la fortune et se mettant lui-même, en abdiquant, hors de cause, aucun autre ne prétendait à occuper sa place; que si un seul y songeait, celui-là, et il faisait allusion à Bernadotte, souillé du sang français, serait repoussé par tous : qu'il n'y avait donc qu'un souverain à présenter à la France : le fils de Napoléon, avec sa mère pour régente.

La proposition ainsi nettement formulée, Macdonald et Ney la soutinrent tour à tour avec chaleur et parfois avec éloquence. Après vingt ans de guerre l'Europe voulait la paix. Mais qu'aurait-elle à redouter de la France sous une femme et sous un enfant? D'ailleurs, auprès de cette femme et de cet enfant seraient les conseillers les plus propres à les détourner de toute entreprise hasardeuse; les maux dont l'Europe se plaignait, n'en étaient-ils pas depuis vingt ans les premières victimes? Depuis vingt ans avaient-ils cessé d'arroser de leur sang tous les champs de bataille?

D'un autre côté, l'Europe ne pouvait guère espérer de tranquillité qu'autant que la France serait en repos. Or, ce repos, était-on sûr qu'on en jouirait, si on lui ramenait pour souverains des princes qui ne la connaissaient plus et qu'elle-même avait oubliés? Entre la France de 1789 et la France actuelle il y avait un abîme, la Révolution. Les Bourbons n'essayeraient-ils point de ramener la France d'aujourd'hui vers le passé, et alors, entre elle et eux n'y aurait-il point de dissensions, de conflits, de luttes d'où peut-être sortiraient des bouleversements? L'Europe devait prendre garde, à force de précautions, de devenir imprudente. Au contraire, avec le roi de Rome rien de semblable n'était à craindre. Né et élevé au milieu des générations présentes, il serait imbu de leur esprit, partagerait leurs idées, adopterait leurs intérêts et aimerait leurs souvenirs.

S'il était vrai que l'on conservât des égards pour les vieux guerriers qui avaient acheté un peu de gloire au prix de tant de malheurs, qui en ce moment encore, à Fontainebleau, retenaient seuls le bras toujours formidable de leur chef, qu'on leur accordât du moins, au lieu de princes qui « les flatteraient en les détestant, le fils du général auquel ils s'étaient dévoués et qui les avait si souvent conduits à la victoire ». C'est là ce que, soldats trahis par le sort des batailles, ils demandaient à d'autres soldats, leurs ennemis heureux, et ils l'attendaient de leur générosité.

Ney était ému en prononçant ces derniers mots, et Alexandre, qui l'écoutait, l'était aussi. L'empereur de Russie paraissait sur le point de fléchir : s'il résistait encore, s'il élevait encore des objections, il ne semblait le faire que pour donner aux maréchaux l'occasion d'exposer toutes leurs raisons et d'achever de le convaincre. Les maréchaux repoussaient les Bourbons au nom de l'armée, leur disait-il; mais ces princes avaient de nombreux partisans dans le reste de la nation. Des corps constitués avaient fait des adresses en leur faveur. Ils étaient désirés, demandés par le conseil municipal de Paris, par le Corps législatif, par le Sénat lui-même, composé pourtant des personnages les plus marquants de la Révolution et de l'Empire.

En entendant prononcer le nom du Sénat, Ney éclata : « Ce misérable Sénat, s'écria-t-il, qui aurait pu nous épargner tant de maux en opposant quelque résistance à la passion de Napoléon pour les conquêtes; ce misérable Sénat, toujours pressé d'obéir aux volontés de l'homme qu'il appelle un tyran, de quel droit élève-t-il la voix en ce moment? Il s'est tu quand il aurait dû parler; comment se permet-il de parler, maintenant que tout lui commande de se taire? La plupart de messieurs les sénateurs jouissaient paisiblement de leurs dotations pendant que nous arrosions l'Europe de notre sang. Ce n'est pas eux qui ont le droit de se plaindre du règne impérial. C'est nous, militaires, qui en avons supporté les rigueurs; et si, oubliant toute convenance, ils osent afficher des prétentions, mettez-nous en face d'eux, sire, et vous verrez si leur bassesse pourra élever la voix en notre présence. »

Entraîné par cette véhémence, l'empereur de Russie cédait. Le général Dessolles vint à son aide. Le général Dessolles, ancien ami de Moreau, s'était déclaré des premiers pour les Bourbons. Il avait été nommé par le gouvernement provisoire commandant de la garde nationale de Paris, et c'était en cette qualité qu'il assistait à une conférence où se débattaient en quelque sorte les intérêts de l'armée. Il dit à l'empereur de Russie que le règne du roi de Rome, sous la tutelle de sa mère, ne serait autre chose que le règne de Napoléon déguisé ; que sa main se retrouverait dans tous les actes du gouvernement ; qu'il resterait peut-être caché tant que son intérêt le lui commanderait, mais que le jour où il croirait pouvoir reparaître sans danger, il ressaisirait le pouvoir et renverserait un gouvernement qui n'aurait servi qu'à le couvrir. L'Europe serait de nouveau menacée, et peut-être qu'alors, désunie ou désarmée, elle serait obligée de subir le joug qu'aujourd'hui il lui était si facile de briser. Les maréchaux interrompirent Dessolles : ils lurent l'acte d'abdication ; ils montrèrent dans cet acte l'Empereur offrant, si cela était nécessaire, de renoncer même à la vie : ils ajoutèrent qu'en les envoyant Napoléon leur avait donné pleins pouvoirs pour traiter de la régence, pour traiter des intérêts de l'armée et de la France ; mais qu'en ce qui le regardait, il leur avait « défendu positivement de rien spécifier de personnel ».

Il se livrait donc sans condition ; on pouvait s'assurer de lui, on pouvait l'entourer de toutes les précautions que l'on voudrait : il se sacrifiait à la paix du monde.

Battu sur ce point, le général Dessolles se rejeta sur un autre. C'était parce que les souverains alliés les y avaient en quelque façon engagés, c'était parce qu'ils leur avaient donné les assurances les plus formelles, c'était parce qu'ils avaient déclaré publiquement qu'ils ne traiteraient plus ni avec Napoléon, ni avec aucun membre de sa famille, que nombre de personnes s'étaient risquées à se prononcer en faveur des Bourbons. Il appartenait aux souverains alliés de juger s'il était de leur dignité de revenir sur leurs pas ; mais il n'était ni de leur générosité, ni de leur loyauté d'abandonner au péril ceux qu'ils y auraient exposés.

Dessolles insista tellement sur ce sujet, qu'Alexandre, blessé, lui dit que « personne n'aurait jamais à regretter de s'être fié à lui et à ses alliés; qu'il ne s'agissait pas ici d'intérêts particuliers, mais d'intérêts généraux embrassant la France, l'Europe et le monde, et que c'était par des vues plus élevées qu'il fallait se guider ». Puis, se tournant vers les maréchaux, il leur dit qu'il n'était pas seul, qu'il devait consulter le roi de Prusse, et les congédia en leur promettant pour le lendemain matin sa réponse.

Les maréchaux étaient pleins de confiance en sortant de chez l'empereur de Russie. Ils avaient la figure animée, la tête haute, quand ils entrèrent dans le salon d'attente qui précédait les appartements de l'empereur de Russie. Ils y retrouvèrent les membres du gouvernement provisoire, ses ministres, ceux qu'ils y avaient vus en arrivant, et d'autres aussi anxieux. Beurnonville voulut s'avancer vers Macdonald : « Ne me parlez pas, monsieur, lui dit le maréchal; je n'ai rien à vous dire; vous m'avez fait oublier une amitié de vingt ans ! » Puis, se trouvant en face de Dupont, le vaincu de Baylen, dont le gouvernement provisoire, après l'avoir tiré de sa prison, avait fait un ministre de la guerre :

« Quant à vous, monsieur, votre conduite à l'égard de l'Empereur n'est pas généreuse; j'avoue qu'il vous a traité avec sévérité, peut-être même a-t-il été injuste envers vous pour l'affaire de Baylen, mais depuis quand cherche-t-on à se venger d'une injustice personnelle aux dépens de son pays ? »

De leur côté, Ney et Caulaincourt n'étaient ni plus calmes ni plus mesurés : on s'animait, on s'échauffait, on parlait haut, quand M. de Talleyrand fit remarquer aux interlocuteurs que l'on était chez l'empereur de Russie, et leur dit que s'ils voulaient *disputer*, *discuter*, ils n'avaient qu'à descendre chez lui, que là ils seraient dans les appartements du gouvernement provisoire. « C'est inutile, reprit Macdonald, ni mes camarades ni moi ne reconnaissons le gouvernement provisoire; » et il sortit avec ses collègues.

Ils étaient réunis chez le maréchal Ney, attendant la réponse des alliés et s'entretenant du tour favorable que prenait la négociation, lorsqu'un aide de camp du duc de Raguse arriva. Il apportait à Marmont la nouvelle que son corps d'armée venait de passer à l'ennemi. Ce fut pour les maréchaux un coup de foudre. Quand ils furent un peu revenus de la première émotion, ils demandèrent des détails, et l'aide de camp raconta qu'après leur départ le colonel Gourgaud, premier officier d'ordonnance de l'Empereur, était arrivé à Essonne, qu'il avait été étonné de ne point trouver Marmont à son quartier général, qu'un peu après était venu un nouveau message, mais cette fois un message écrit qui mandait à Fontainebleau Marmont ou le général qui le remplaçait. Devant ces ordres répétés, impérieux, les généraux du sixième corps s'étaient imaginé que l'Empereur connaissait le projet formé par le maréchal de conduire ses troupes au gouvernement provisoire; ils avaient craint pour eux-mêmes le châtiment réservé au maréchal, parce qu'ils avaient été dans la confidence de ses desseins; et alors, troublés, égarés, ils avaient fait prendre les armes aux troupes, avaient fait prévenir les alliés et s'étaient mis en marche pour Versailles.

« Les malheureux! s'écriait Marmont, ils me déshonorent! Je donnerais un bras, le bras qui me reste, pour réparer leur faute! »

— Leur faute! dites leur crime, monsieur le maréchal, » reprit Macdonald; et, regardant Marmont avec sévérité, parce que, se rappelant ce qu'avait dit le prince de Wurtemberg, il commençait à soupçonner une fourberie sous les protestations de Marmont, « la tête, ajouta-t-il, ne serait pas de trop pour l'expier! »

On ne tarda pas à venir chercher les négociateurs de la part de l'empereur de Russie. Laissant là Marmont, qui continuait à se lamenter, Caulaincourt, Macdonald et Ney se dirigèrent vers l'hôtel de M. de Talleyrand. Ils y trouvèrent réunis Alexandre, le roi de Prusse et les principaux ministres de la coalition.

Les membres du gouvernement provisoire avaient mis le temps à profit, depuis la première entrevue des maréchaux avec l'empereur de Russie. Tandis que Beurnonville, qui avait longtemps résidé auprès de lui en qualité d'ambassadeur, courait chez le roi de Prusse ranimer sa haine contre Napoléon, Talleyrand essayait de replacer Alexandre dans les idées d'où on l'avait écarté et lui représentait les raisons qu'il lui avait déjà données pour le décider à éloigner du trône Napoléon et sa famille et à y rappeler les Bourbons. Les négociateurs s'aperçurent tout de suite du terrain que l'absence leur avait fait perdre.

Alexandre n'était plus le même qu'ils l'avaient laissé. Il leur dit que les souverains alliés persistaient dans leur résolution de ne plus traiter avec Napoléon ni avec aucun membre de sa famille ; toutefois il ne le dit pas d'une manière assez nette pour couper court à la discussion; elle recommença.

L'armée, soutenaient les maréchaux, n'avait qu'une voix pour repousser les Bourbons. Si on ne lui accordait pas le souverain qu'elle désirait, elle était décidée à combattre.

C'était donc à une bataille, mais à une bataille acharnée, où on ne demanderait pas plus de quartier qu'on n'en ferait, que les alliés devaient se préparer; et contre des soldats qu'animerait la fureur du désespoir, qui seraient conduits par un chef comme Napoléon, nul ne pouvait savoir de quel côté se fixerait la fortune.

Ces énergiques paroles firent une profonde impression sur l'empereur de Russie : il redevenait flottant; ses regards allaient des maréchaux au roi de Prusse, et du roi de Prusse revenaient aux maréchaux, quand tout à coup un officier entra et, s'approchant d'Alexandre, lui dit quelques mots à demi-voix.

L'Empereur parut étonné : « Tout le corps? » demanda-t-il en tendant l'oreille, qu'il avait un peu dure : « Tout le corps, » reprit l'officier.

M. de Caulaincourt, qui entendait le russe, comprit que l'on venait d'annoncer à Alexandre la défection des troupes de Marmont.

L'empereur de Russie était préoccupé; il n'écoutait plus ce qu'on lui disait qu'avec distraction. Rompant l'entretien, il dit qu'il avait une communication à faire à ses alliés, et il emmena le roi de Prusse à l'écart, ainsi que les ministres qui les entouraient. « Tout est perdu, dit Caulaincourt à ses collègues; l'empereur de Russie vient d'apprendre la défection du sixième corps! » En effet, quand Alexandre revint vers les maréchaux, il avait la contenance assurée et leur déclara qu'il n'y avait plus à songer au roi de Rome; que l'armée, au nom de laquelle ils le demandaient, n'était pas unanime; qu'une partie de cette armée, le sixième corps, venait de se ranger du côté du gouvernement provisoire; que le reste suivrait sans doute un si bon exemple ; qu'elle rendrait à la France un service au moins égal à tous ceux qu'elle lui avait déjà rendus ; que sa gloire et ses intérêts seraient soigneusement respectés ; que les princes rappelés au trône fonderaient sur elle, sur son appui, sur ses lumières, le nouveau règne ; que, pour ce qui regardait Napoléon, il n'avait qu'à s'en fier à la loyauté des souverains alliés, qu'il serait traité, lui et sa famille, d'une manière conforme à sa grandeur passée. Puis Alexandre, mettant fin à la conférence, s'approcha de chacun des négociateurs, dit un mot d'estime à Macdonald, adressa des paroles flatteuses à Ney et témoigna à Caulaincourt l'amitié dont il l'honorait.

L'Empire était perdu, restait la France. Jamais, à aucun moment de son histoire, elle ne s'était trouvée dans une situation plus malheureuse. Sans parler des provinces du nord, de l'est et du midi qui étaient envahies, Paris était occupé par 200 000 étrangers, et derrière ces 200 000 ennemis s'était élevé un gouvernement usurpateur qui, confirmé par le Sénat et le Corps législatif, semblait être un gouvernement national. Aussi tous les jours il gagnait du terrain, tous les jours de nouvelles adhésions lui arrivaient. L'armée elle-même, jusque-là si unie, venait de se diviser, et une portion, trompée ou non, s'était tournée de son côté. La France, gémissant déjà sous le poids de l'invasion, était donc encore menacée d'être déchirée par l'anarchie et la guerre civile. Tous ces maux, un remède, mais un remède seul pouvait les guérir : si Napoléon abdiquait sans réserve, s'il renonçait purement et simplement pour lui et pour les siens au trône, les Bourbons y remonteraient, le pouvoir serait reconstitué, l'armée se rallierait, on traiterait avec les ennemis et on en délivrerait la France. Mais l'abdication, il fallait l'obtenir! On entourait Ney, on le pressait, on le conjurait. Plus que personne il devait à la patrie de tenter auprès de Napoléon cette dernière démarche, parce que plus que personne il avait auprès de lui, par son haut rang, par ses services, par sa gloire, l'autorité qui la ferait réussir. Ney s'y résolut. Sans attendre Caulaincourt et Macdonald, il partit pour Fontainebleau.

Il trouva Napoléon accablé par la défection de Marmont. Ney lui dit comment, au moment où la cause du roi de Rome semblait victorieuse, cette fatale défection était venue détruire toutes les espérances. Maintenant les alliés étaient intraitables. Ils repoussaient également le père et le fils. Dans une pareille position, il ne restait plus à l'Empereur que d'abdiquer sans condition.

A ce mot d'abdiquer sans condition, Napoléon se redressa et, regardant le maréchal Ney, il sembla lui demander compte du conseil qu'il se permettait de lui donner. Abdiquer sans condition! Mais c'était le dernier des partis à prendre; et en était-il réduit là? n'avait-il pas encore des forces? ne pouvait-il pas encore lutter? Quoi! c'était quand il pouvait se battre que l'on voulait qu'il déposât les armes?

Un autre, moins impétueux, serait entré dans les idées de l'Empereur au lieu de les heurter; il lui aurait accordé qu'avec la garde, les troupes de Soult, de Suchet, celles d'Eugène et d'Augereau, il avait encore le moyen de composer une grande armée, mais il lui aurait montré les alliés prêts à lui en opposer de bien autrement redoutables. La lutte continuerait donc; de la Seine elle se porterait sur la Loire, elle irait plus loin et le milieu de la France serait ravagé comme l'étaient déjà les extrémités; heureux encore si, outre les horreurs de la guerre avec l'étranger, nous n'avions pas à subir les horreurs, mille fois plus atroces, de la guerre civile. Si seulement de toutes ces épreuves nous sortions victorieux; mais pouvions-nous l'espérer, quand aux Russes et aux Allemands seraient venus se joindre les Anglais, les Portugais, les Espagnols et jusqu'aux Italiens? Entourés, pressés, refoulés, nous finirions par être accablés, et de nos efforts prolongés résulteraient plus de meurtrissures pour notre malheureux pays et peut-être une ruine irrémédiable. En mettant ce tableau sous les yeux de l'Empereur, nul doute qu'on ne l'eût amené à regarder un dernier sacrifice comme nécessaire.

Ney, lui, s'imaginant qu'à tant de calamités attirées sur la France Napoléon voulait en ajouter d'autres, ne sut pas se contenir : il éclata, il fut dur, il fut blessant. Mais si l'image de la patrie éplorée lui fit, dans cette circonstance, perdre de vue la grande infortune qu'il avait devant lui, du moins, et c'est bien assez regrettable pour sa mémoire, il ne manqua qu'en paroles au respect qu'il lui devait, surtout en ce moment. Le calme, le sommeil tranquille que goûtait l'Empereur lorsqu'un peu après arrivèrent Macdonald et Caulaincourt, prouvent que dans cette scène déplorable Ney n'eut point recours à la violence dont plus tard on l'accusa.

Quoi qu'il en soit, l'Empereur, au moment où Ney le quitta, paraissait résigné à abdiquer sans condition. Le maréchal l'écrivit au chef du gouvernement provisoire. Le lendemain, en effet, Napoléon remettait cet acte à Caulaincourt, à Macdonald et à Ney, et un traité ui donnait l'île d'Elbe en échange du trône qu'il cédait à Louis XVIII.

LA VICTIME

1815

LONS-LE-SAUNIER

Ney était à la droite du comte d'Artois le jour de son entrée à Paris; Louis XVIII, à Compiègne, l'avait fait asseoir à table à côté de lui; on avait inscrit son nom en tête de la liste des généraux chargés de réorganiser l'armée; il avait été nommé pair de France et, parmi les grands commandements créés pour les maréchaux, il avait obtenu un des plus importants, celui qui comprenait la Franche-Comté et une partie de la Bourgogne et dont le siège était à Besançon; en apparence, il avait donc été bien traité par les Bourbons.

Cependant il était mécontent. C'est que sous toutes ces faveurs Ney sentait je ne sais quoi d'hostile. On le flattait; mais, ainsi qu'il l'avait dit à l'empereur Alexandre, on ne l'aimait pas. Pour penser de la sorte, Ney ne s'en rapportait pas à de simples conjectures : il avait des faits comme preuves. Plus d'une fois, la maréchale s'était présentée aux Tuileries, et toujours elle y avait été reçue avec froideur et presque avec dédain. Pour humilier en elle la noblesse impériale, les dames de l'ancienne noblesse qui entouraient la dauphine, affectaient de parler de sa mère, Mme Auguié, qui, avant la Révolution, avait été attachée à la personne de la reine Marie-Antoinette, et en désignant la maréchale elles disaient que ce n'était *que la fille d'une femme de chambre.*

La maréchale revenait chez elle le cœur gonflé et les yeux pleins de larmes. Ney, qui aimait tendrement sa femme, ne pouvait voir son chagrin, entendre ses plaintes, sans être transporté de colère. Il aurait fini par se laisser aller à des excès de paroles que lui-même il redoutait, s'il n'eût pris le parti de s'éloigner.

Ney vivait tranquille dans sa terre des Coudreaux, près de Châteaudun, lorsque, le 6 mars 1815, il reçut une dépêche du ministre de la guerre. C'était l'ordre de se rendre sans retard dans son gouvernement. L'officier qui l'apportait avait quitté Paris la veille au soir, au sortir d'un bal; il ne savait rien de ce qui avait motivé la dépêche : il ne put donner au maréchal aucune explication.

Ney fit aussitôt ses préparatifs de départ. Le 7 au soir, après avoir couru la poste pendant treize heures, il arrivait à Paris et descendait de voiture, dans la cour de son hôtel, quand se présenta à lui son notaire, M. Batardy. « Eh bien, vous savez la nouvelle, dit-il au maréchal? — Quelle nouvelle? — Mais que Napoléon est débarqué en France. — Napoléon, débarqué en France! » Ney apprenait seulement pourquoi on le mandait avec tant de précipitation. Le lendemain matin il alla voir le duc de Berry, le ministre de la guerre et ensuite se présenta chez le roi. Louis XVIII lui parla de la tentative de Napoléon. Ney regardait comme insensé le projet de vouloir, avec un millier d'hommes, conquérir la France; aussi dit-il au roi que Napoléon était fou ; et il ajouta que c'était un fou dangereux; que, s'il le prenait, il l'amènerait dans une cage de fer! Malheureuse exagération de paroles que bien des fois dans la suite on devait lui reprocher.

Louis XVIII, en le congédiant, lui tendit la main et Ney la baisa; puis, de retour chez lui, il embrassa sa femme et ses enfants et partit.

Il arriva le 10 à Besançon. Il n'y trouva plus que des dépôts. Les troupes, par ordre du ministre de la guerre, avaient été dirigées sur Lyon, où le comte d'Artois et le duc d'Orléans allaient essayer de s'opposer aux progrès de Napoléon. Ney n'avait rien à faire à Besançon. Il écrivit au comte d'Artois pour lui demander de l'appeler auprès de lui et de l'employer à l'avant-garde. Cette lettre était à peine expédiée que le duc de Mailhé, premier gentilhomme du prince, arriva. Les troupes montraient des dispositions si mauvaises, que le comte d'Artois n'osait se fier à elles. A l'approche de Napoléon, il allait abandonner Lyon et se retirer sur Paris par le Bourbonnais. Le premier mouvement de Ney fut de courir rejoindre le prince; puis il pensa qu'en sa qualité de commandant en chef il avait des devoirs à remplir.

Le mouvement du comte d'Artois sur le Bourbonnais devait découvrir à la fois la Franche-Comté et la Bourgogne. Dès lors les troupes de ces deux provinces, dirigées sur Lyon, y tomberaient entre les mains de Napoléon. Ney envoya des officiers, donna des ordres pour que les corps en marche se portassent non plus sur Mâcon, mais sur Lons-le-Saunier, où lui-même allait se rendre. En effet, le lendemain 11, il partit de Besançon, emmenant avec lui dans sa voiture le comte de Bourmont et engageant à venir le rejoindre un de ses anciens compagnons des armées de l'Helvétie et du Danube, l'illustre général Lecourbe, qui depuis la disgrâce de Moreau vivait en Franche-Comté, retiré dans ses terres.

De Besançon à Lons-le-Saunier, partout sur sa route, à Dôle, à Poligny, le maréchal Ney avait montré les mêmes dispositions, avait paru animé des mêmes sentiments. Sans doute les Bourbons n'avaient pas été habiles, ils n'avaient su se concilier ni l'armée ni ses chefs; mais c'étaient les souverains légitimes de la France; l'ennemi était l'envahisseur, il fallait aller droit à lui et, sans hésiter, engager le combat.

« Les troupes se battront, disait Ney au marquis de Saurans, aide de camp du comte d'Artois; s'il le faut, je tirerai le premier coup de fusil ou de carabine, et si un soldat bronche, je lui passerai mon épée au travers du corps, et la poignée lui servira d'emplâtre. »

Ce langage décidé, il le tint aux officiers placés sous ses ordres lorsque, le 12 au matin, à peine arrivé à Lons-le-Saunier, il reçut leur visite.

Il était encore rempli de confiance, dans cette même journée, le soir, quand on lui amena un négociant de Lyon. Ce négociant avait assisté à l'entrée de Napoléon dans cette ville, le 10 mars; il avait vu l'enthousiasme des soldats et d'une partie de la population; il racontait au maréchal que Napoléon, à plusieurs reprises, avait été obligé de se montrer au peuple et de lui parler des fenêtres du palais où il était descendu; que le lendemain 11, au milieu d'une affluence immense, il avait passé sur la place Bellecour la revue de ses troupes; enfin que ses 8000 ou 10000 hommes étaient pleins d'entrain.

Ney, qui avait écouté avec attention toutes les circonstances de ce récit, n'en paraissait pas ému. « Cela n'est pas dangereux, répliquait-il, il n'y a rien à craindre : quarante-cinq mille hommes garderont Paris ; le premier coup en décidera. »

Toutefois, si assuré et si ferme qu'il affectât d'être, Ney commençait à s'inquiéter. Il avouait que précédemment, une fois ses ordres donnés, il était en repos, tandis que dans les circonstances actuelles il ne pouvait dormir.

Dans la journée du 13, des nouvelles, rapportant des faits d'une gravité croissante, tombèrent coup sur coup sur le maréchal.

D'abord ce fut l'arrivée à Lons-le-Saunier du baron Capelle, préfet de l'Ain, qui avait quitté le chef-lieu de son département et s'était sauvé devant l'insurrection. Le 76e régiment, en garnison à Bourg, s'était soulevé, avait arboré le drapeau tricolore, entouré l'hôtel du général Gauthier aux cris de : Vive l'Empereur! et avait voulu exiger du général qu'il le conduisît à Napoléon. Sur son refus, les soldats le tenaient bloqué dans son hôtel.

La populace s'était jointe aux troupes, et le préfet, craignant d'être, comme le général, retenu et gardé à vue, avait pris la fuite.

Sur sa route le baron Capelle avait trouvé les bourgs, les villages dans la plus vive agitation. Le drapeau tricolore flottait partout à la place du drapeau blanc; les paysans se rassemblaient, criaient : A bas les prêtres! A bas les nobles! C'était, disait le préfet, une rechute de la Révolution.

L'insurrection du 76e, l'état des esprits dépeint avec vivacité par le préfet, avaient déjà fait sur le maréchal une impression profonde, quand il apprit que le général Gauthier avait fini par céder, qu'il venait de conduire ses troupes à l'Empereur, et que le 15e léger, en ce moment à Saint-Amour, s'agitait et se disposait à imiter le 76e de ligne.

Un peu après on venait dire au maréchal que le parc d'artillerie qu'il attendait d'Auxonne avait été arrêté à Châlons et que la garde nationale s'opposait à ce qu'il en partît.

Ainsi donc ses deux régiments d'avant-garde, ceux qui le couvraient, venaient de déserter ou allaient le faire, et il n'avait plus de canons. D'autre part, les troupes concentrées à Lons-le-Saunier n'avaient pu être soustraites à l'influence d'évènements qui se passaient si près d'elles; elles en ressentaient le contre-coup; elles fermentaient, et déjà un officier avait poussé le cri de : Vive l'Empereur ! Cet officier, dénoncé par le général Bourmont, avait été aussitôt arrêté et conduit à Besançon. Mais ce cri isolé, Ney sentait qu'il était dans toutes les poitrines, et que d'un moment à l'autre il pouvait s'échapper en une formidable explosion. Le maréchal savait de plus que les proclamations de Napoléon, celles dans lesquelles il annonçait que la victoire *marcherait au pas de charge, que l'aigle volerait de clocher en clocher jusqu'aux tours de Notre-Dame*, circulaient parmi les officiers et les soldats, et lui, qui ne pouvait s'empêcher d'être remué par ce langage tout militaire, se rendait compte de l'effet qu'il devait produire. Il était d'ailleurs informé que des émissaires de Napoléon étaient arrivés à Lons-le-Saunier, que dans les cafés et les cabarets ils se mêlaient aux soldats et à la population, qu'ils les travaillaient, les échauffaient et préparaient la révolte.

Devant cette situation dont le poids allait peser tout entier sur lui, Ney devenait anxieux. Dans la nuit du 13 au 14, vers une heure du matin, deux étrangers demandèrent à être introduits auprès de lui. C'étaient des militaires déguisés, des officiers du bataillon de l'île d'Elbe qui lui apportaient une lettre de son ancien lieutenant de 1813, le général Bertrand.

Dans cette lettre le compagnon d'exil de Napoléon rappelait les évènements qui venaient de s'accomplir, le débarquement de Napoléon au golfe Juan le 1er mars, sa marche à travers les montagnes, par Digne, par Gap, le ralliement à sa cause de toutes les troupes envoyées pour le combattre, l'entrée à Grenoble, à Lyon, et, ne mettant pas un instant en doute les sentiments de Ney pour son ancien chef, lui traçait, de la part de l'Empereur, un ordre de marche sur Dijon.

Ney fit quelques objections; mais les officiers déguisés affirmaient que dans cette révolution qui avait commencé et se déroulait sans effusion de sang, Napoléon était d'accord avec l'Europe; que, ramenés par les puissances alliées, les Bourbons les avaient blessées; que le général Kohler était venu à l'île d'Elbe de la part de M. de Metternich; que Napoléon avait dîné sur un vaisseau anglais; qu'après entente entre l'Empereur et le commissaire général Campbell, la croisière chargée de surveiller l'île d'Elbe s'était éloignée pour laisser le passage libre à la flottille qui ramenait l'Empereur et ses compagnons; que, d'un autre côté, le mouvement qui se manifestait avec tant d'ensemble en faveur de Napoléon avait été préparé dans le peuple et dans l'armée; que jusqu'aux mesures prises par le ministre de la guerre, l'ordre de ne faire marcher les troupes que par groupes de deux bataillons et trois escadrons, tout témoignait d'un concert arrêté; qu'en présence de cet accord les Bourbons avaient dû quitter Paris; que si on les prenait, on ne leur ferait aucun mal, qu'on se bornerait à les reconduire en Angleterre.

Ainsi, grâce à l'entente avec les puissances alliées, le succès de l'entreprise de Napoléon était assuré ; il était donc à la fois inutile et souverainement imprudent de tenter d'y mettre obstacle ; du moment que le peuple et l'armée redemandaient l'Empereur, ce serait même un crime de lèse-nation de s'opposer à son retour. Mais en faveur de qui le maréchal essayerait-il de lutter? En faveur de ces Bourbons qui, en lui, dédaignaient un homme sorti du peuple et qui le haïssaient, lui qui par sa valeur avait plus qu'aucun autre contribué à les tenir longtemps hors de France? Non, le maréchal Ney ne donnerait pas à son origine, à sa vie, à son passé, à la communauté de souvenirs qui l'unissait à l'armée un aussi éclatant démenti ; il se joindrait à ses compagnons d'armes pour entourer, illustrer et défendre les institutions libérales que l'Empereur, éclairé par le malheur, rapportait du fond de son exil à la France qui le rappelait.

Ney essaya encore de se défendre ; mais on le circonvint, on le flatta, et enfin il parut se rendre. Alors les envoyés de Bertrand lui laissèrent une proclamation toute préparée que Ney lirait à ses soldats.

Toutefois, avant de prendre une résolution définitive, Ney voulut avoir l'avis de ses deux principaux lieutenants, et il manda les généraux Bourmont et Lecourbe.

Ils arrivèrent chez le maréchal vers dix heures du matin. Ils le trouvèrent assis devant une table, accoudé, la proclamation sous les yeux.

Ney leur parla de la situation. Elle s'aggravait d'heure en heure. Napoléon, après avoir fait à Lyon acte de souverain et rendu des décrets, avait quitté cette ville et marchait sur Paris par la Bourgogne. A son approche les campagnes se soulevaient, les villes s'insurgeaient. Sans compter Bourg, dont la révolte était connue de la veille, Mâcon, Châlon, Autun, Dijon, avaient abattu le drapeau blanc et repris la cocarde et le drapeau tricolores. Le mouvement gagnait de proche en proche et s'étendait avec une rapidité prodigieuse; personne ne songeait à y résister. Devant les dispositions hostiles des populations, les autorités cédaient ou fuyaient. Le comte d'Artois, après avoir quitté Lyon, venait de partir de Moulins et de reprendre la route de Paris. Le ministre de la guerre ne donnait plus signe de vie : il n'avait répondu à aucune des six lettres que le maréchal lui avait écrites. Serait-ce donc que le gouvernement lui-même aurait reconnu l'impossibilité de lutter contre une révolution qui devenait tellement générale qu'elle s'accomplissait sans effusion de sang, appelée par la nation tout entière, et, ce semble, favorisée par les puissances étrangères?

Dans ce cas, sans instructions, sans ordres, séparé du reste de la France et comme bloqué dans un coin du Jura, quelle conduite avait-il à tenir? Au reste, que pouvait-on faire? Le maréchal avait écrit à Besançon pour avoir 100000 cartouches, et on ne les lui envoyait pas; il avait demandé des canons à Auxonne: les canons étaient partis, mais à Châlon ils avaient été arrêtés, et la garde nationale, pour être sûre qu'ils ne rejoindraient pas les troupes du roi, avait brisé les roues des affûts et retenu les caissons. Mais eût-il des munitions et de l'artillerie, Ney, avec 4000 hommes, pourrait-il en affronter 15000? Si encore ses 4000 hommes étaient sûrs; mais le nom de Napoléon les fascine. Les souvenirs que ce nom rappelle leur agitent et leur troublent le cœur; en présence de cet homme, ils feront ce qu'ont fait les troupes de Grenoble et de Lyon : ils passeront dans ses rangs.

Qui sait même s'ils ont besoin de sa présence pour accomplir leur défection? Le maréchal est informé que des agents, envoyés de Lyon, sont arrivés à Lons-le-Saunier; que ces agents ont non seulement colporté des bruits, distribué des papiers et travaillé les populations par tous les moyens en leur pouvoir, mais qu'ils se sont mêlés aux soldats, qu'ils leur ont fait connaître les proclamations de l'Empereur, qu'ils leur ont apporté des cocardes et des aigles, qu'ils ont jeté parmi eux des ferments de révolte, enfin qu'ils les poussent à imiter leurs camarades du 76e de ligne, à s'emparer de leurs chefs et à les retenir prisonniers jusqu'à ce que ces chefs consentent à les mener à l'Empereur. Ces actes d'une indiscipline coupable peuvent être commis d'un moment à l'autre. Faut-il les attendre, ou les prévenir en se rendant au désir des soldats et en conservant sur eux une autorité qui du moins empêchera les désordres de l'anarchie? Ney le croit, et il est disposé à lire aux troupes une proclamation. En même temps il tend à Bourmont la feuille de papier qu'il a devant lui. Bourmont lit la proclamation, et, trouvant sans doute que dans les circonstances il n'y a pas autre chose à faire, il la passe sans mot dire à Lecourbe. Lecourbe la parcourt rapidement. « Ce n'est pas toi qui as fait cela, dit-il brusquement à Ney en le tutoyant comme au temps de leur jeunesse, on te l'a apporté? » Et alors il regrette qu'on l'ait tiré de chez lui : il y retourne. Il n'a reçu que des bienfaits du roi, tandis que Napoléon ne lui a fait que du mal; il ne veut pas le servir.

Ney essaye de le calmer; Napoléon n'est plus le despote qui les a tourmentés tous. Les revers, les malheurs ont produit en lui une forte impression : il revient corrigé. Lecourbe n'a rien à redouter, Ney répond de l'accueil que lui fera l'Empereur. L'humeur de Lecourbe un peu apaisée, le maréchal l'invite ainsi que Bourmont à partager son déjeuner : ils s'excusent et sortent, Bourmont avec l'ordre de faire assembler les troupes.

Vers une heure les deux généraux reviennent, avec les officiers de l'état-major, prendre le maréchal et le conduisent sur la place de la Chevalerie, où les soldats l'attendent sous les armes.

Ney fait former le carré, appelle au centre les officiers et sous-officiers, commande de battre un ban, puis, tirant son épée, il lit d'une voix éclatante la proclamation que voici :

« Officiers, sous-officiers et soldats,

« La cause des Bourbons est à jamais perdue! La dynastie légitime que la nation française a adoptée va remonter sur le trône. C'est à l'empereur Napoléon, notre souverain, qu'il appartient seul de régner sur notre beau pays. Que la noblesse des Bourbons prenne le parti de s'expatrier encore ou qu'elle consente à vivre au milieu de nous, que nous importe? La cause sacrée de la liberté et de notre indépendance ne souffrira plus de leur funeste influence. Ils ont voulu avilir notre gloire militaire, mais ils se sont trompés : cette gloire est le fruit de trop nobles travaux pour que nous puissions jamais en perdre le souvenir.

« Soldats! les temps ne sont plus où l'on gouvernait les peuples en étouffant tous leurs droits : la liberté triomphe enfin, et Napoléon, notre auguste Empereur, va l'affermir à jamais. Que désormais cette cause si belle soit la nôtre et celle de tous les Français! Que tous les braves que j'ai l'honneur de commander se pénètrent de cette grande vérité!

« Soldats! je vous ai souvent menés à la victoire : maintenant je veux vous conduire à cette phalange immortelle que l'empereur Napoléon conduit à Paris et qui y sera sous peu de jours : et là notre espérance et notre bonheur seront à jamais réalisés. »

A peine avait-il achevé que les cris enthousiastes de : Vive l'Empereur! vive le maréchal! éclatent et que, rompant leurs rangs, les soldats accourent autour de Ney, lui prennent les mains et baisent jusqu'aux basques de son habit; puis, se répandant dans la ville, ils abattent tous les emblèmes qui pouvaient rappeler la famille souveraine dont on venait de prononcer la déchéance. Quant aux officiers, ils restaient silencieux : ils étaient comme embarrassés et attristés de ce manquement à l'honneur. L'un d'eux même, le colonel Dubalen, ne craignit pas de s'approcher du maréchal et, après lui avoir exprimé tous ses regrets d'avoir entendu de sa bouche des paroles si différentes de celles qu'il avait prononcées la veille et l'avant-veille, il lui demanda la permission de quitter l'armée.

Le soir, cependant, le maréchal ayant invité les généraux et les chefs de corps à dîner, tous y vinrent, sauf le colonel Dubalen. La conversation s'anima, on parla des Bourbons, de leurs fautes, et l'on convint que si Napoléon réussissait si facilement, il en était surtout redevable à la famille royale, aux émigrés, aux prêtres, à leur conduite, à leur langage, qui avaient détaché des Bourbons les soldats, leurs

VIVE L'EMPEREUR!

chefs, et avaient inquiété et alarmé toutes les situations, tous les intérêts sortis de la Révolution.

Et Ney, prenant la parole, dit hautement que les maréchaux, après s'être entendus pour rappeler Napoléon, n'avaient pas voulu se donner un maître, que lui-même lui parlerait et que, d'accord avec ses camarades, il saurait bien l'empêcher, s'il en avait le projet, de les reconduire à Moscou.

On se sépara, et le lendemain on se mit en marche pour aller, par Dôle et Dijon, suivant les ordres que l'on avait reçus, rejoindre Napoléon.

En route de nouvelles instructions parvinrent au maréchal ; il dut se diriger sur Auxerre, où il rallia l'Empereur le 18 mars.

Au moment de se retrouver face à face avec son ancien maître, avec celui qu'un an auparavant, à Fontainebleau, il avait traité avec tant de rudesse pour lui arracher son abdication, Ney était gêné.

Il l'était encore à Lons-le-Saunier, de toutes ces paroles virulentes qu'il avait exhalées contre Napoléon, de ces menaces qu'il avait jetées et des mesures qu'il avait prises contre lui, menaces et mesures démenties et détruites par une conversion subite que rien ne paraissait expliquer.

Ney voulait donc se justifier : il voulait dire et persuader que, dans la conduite qu'il avait tenue une année auparavant, que dans celle qu'il venait de tenir à Lons-le-Saunier, il n'avait obéi qu'à un sentiment, son amour pour la patrie, pour la France, à laquelle il n'avait pas hésité à sacrifier ce qu'il avait de plus cher : son honneur de soldat.

Mais ce sacrifice, il prétendait qu'il ne fût pas perdu ; il voulait donner à Napoléon des conseils de modération, de raison, de liberté ; il voulait lui faire entendre qu'au besoin, s'il s'écartait de la ligne qu'il lui indiquait, les maréchaux et lui pourraient l'y ramener.

En conséquence il avait préparé une sorte de manifeste qu'il se proposait de lire à Napoléon ; mais à peine fût-il introduit, que l'Empereur, s'avançant à sa rencontre les bras ouverts : « Embrassons-nous, mon cher maréchal, » lui dit-il, et il le tint un moment serré contre sa poitrine.

Quand Ney, se dégageant de cette étreinte, déplia son papier : « Vous n'avez pas besoin d'excuse, lui dit Napoléon, les circonstances ont été plus fortes que nous tous ; » et, jetant un voile sur le passé, n'envisageant que le présent et l'avenir, Napoléon ferma la bouche au maréchal en lui donnant des explications qui allaient au-devant de ses désirs. Ney se retira satisfait, et il prit la route de Paris, où Napoléon lui avait donné rendez-vous.

Quelques jours après, le 25 mars, Ney recevait l'ordre de parcourir toute la frontière du nord-est pour faire reconnaître le gouvernement impérial, inspecter les places fortes et les faire mettre en état de défense. Il était de retour un mois après, et, au Champ de Mai il prêtait serment à Napoléon comme membre de la nouvelle Chambre des pairs.

LES QUATRE-BRAS ET WATERLOO.

Ney était à la campagne dans les environs de Paris, quand, le 11 juin, il reçut une dépêche du ministre de la guerre. L'Empereur l'invitait à rejoindre l'armée qui allait entrer en campagne et à se hâter, s'il voulait assister aux premières batailles.

L'Europe, en effet, n'avait pas vu le retour de Napoléon avec les sentiments qu'il lui avait prêtés.

A la nouvelle de son débarquement à Cannes, les souverains alliés, encore réunis à Vienne en congrès, l'avaient mis hors du droit des gens, et pour le combattre avaient rappelé leurs soldats.

Les armées russe et autrichienne, qui retournaient vers leur pays, avaient fait volte-face et marchaient de nouveau contre la France.

Les Anglais et les Prussiens, cantonnés en Belgique, attendaient qu'elles fussent à leur portée pour rentrer eux-mêmes en action.

Napoléon résolut de les prévenir. En deux mois il avait rassemblé une armée de 130 000 hommes sur notre frontière du nord; il la concentra rapidement, passa la Sambre et se jeta entre Blücher et Wellington pour les battre l'un après l'autre.

Au reçu de la dépêche de l'empereur, Ney avait pris la poste, et, accompagné d'un seul aide de camp, le colonel Heymès, le 15 juin, vers quatre heures et demie, il arrivait à Charleroi, traversait la ville et courait à l'endroit où il devait rencontrer Napoléon.

Au sortir de Charleroi, la route se bifurque et se dirige à gauche vers Bruxelles, quartier général de Wellington, à droite du côté de Namur, quartier général de Blücher. C'est au point de séparation des deux routes que Ney trouva l'Empereur attendant les renseignements de sa cavalerie, qu'il avait lancée dans les deux directions à la poursuite de l'ennemi.

Après quelques mots de satisfaction et de bienvenue, Napoléon dit à Ney : « Vous allez prendre le commandement du 1er et du 2e corps d'infanterie. Le général Reille marche sur Gosselies; le général d'Erlon doit coucher ce soir à Marchiennes. Vous aurez avec vous la division de cavalerie légère de Piré; je vous donne aussi les deux régiments de chasseurs et de lanciers de ma garde, mais ne vous en servez pas; demain vous serez rejoint par les réserves de grosse cavalerie aux ordres de Kellermann. Allez, et poussez l'ennemi! »

Ney partit. A cinq heures il était à Gosselies, se faisait rendre compte de la situation, dirigeait sur sa droite une des divisions du corps de Reille, la division Girard, pour observer les Prussiens du côté de Fleurus, en laissait deux autres à Gosselies pour le relier avec Napoléon, et, suivi de la division Bachelu, s'élançait aux avant-postes. Il trouva sa cavalerie aux prises avec le corps de Nassau, de l'armée de Wellington, qui occupait le village de Frasnes. A l'approche de l'infanterie de Ney, ce corps battit en retraite et se retira avec ordre dans la direction des Quatre-Bras, sur la route de Bruxelles.

A ce moment, vers huit heures du soir, la nuit approchait, les chevaux de la cavalerie étaient harassés, et les hommes, qui étaient sur pied depuis dix heures du matin et qui avaient presque constamment combattu, étaient à bout de forces.

De plus, à trois ou quatre lieues sur la droite, en arrière, retentissait une violente canonnade. Dans ces conditions, était-il prudent de suivre davantage ce corps de Nassau que l'on n'avait pu entamer jusque-là, de se heurter peut-être, derrière lui, à des forces supérieures sur lesquelles sans doute il se repliait et de courir ainsi le danger d'un échec? Ney ne le crut pas. Etablissant à Frasnes l'infanterie de Bachelu couverte par la cavalerie de Piré. il revint de sa personne à Charleroi pour y conférer avec Napoléon, qu'il n'avait guère fait qu'entrevoir. Il était deux heures du matin lorsque Ney regagna son quartier général de Gosselies.

Napoléon lui avait dit que dans la matinée il recevrait des ordres. Les ordres ne partirent de Charleroi qu'entre huit heures et demie et neuf heures. Le général Flahaut, qui en était porteur, après les avoir communiqués au général Reille à son passage à Gosselies, ne put guère rejoindre le maréchal Ney aux avant-postes, en avant de Frasnes, que vers dix heures et demie ou onze heures. Voici ce que contenaient ces ordres.

Napoléon partageait toutes ses forces en deux masses : l'une à droite sous le commandement de Grouchy, l'autre à gauche sous la direction de Ney.

Cette aile comprenait les corps de Reille et d'Erlon, c'est-à-dire huit divisions d'infanterie et deux divisions de cavalerie. L'Empereur y adjoignait le corps de grosse cavalerie de Kellermann et momentanément la division de cavalerie légère de la garde sous le commandement de Lefebvre-Desnouettes; en tout environ 50 000 hommes. Ney devait les réunir et les disposer dans l'ordre suivant :

Six divisions d'infanterie massées à l'intersection des routes de Charleroi à Bruxelles et de Namur à Nivelles, à l'endroit dit des Quatre-Bras; une division sur la route de Namur à Nivelles, près du village de Marbais; la cavalerie légère en avant et sur les flancs, la grosse cavalerie en arrière, près d'une ancienne voie romaine; et Ney, dès qu'il en recevrait l'ordre, devait être prêt à marcher sur Bruxelles, soutenu par la garde et la réserve, sous le commandement direct de Napoléon.

Ney, se conformant aux instructions qu'il recevait, adressa immédiatement un ordre de marche à ses lieutenants; mais au moment où, de Gosselies, le général Reille allait le suivre, il apprit que des masses ennemies se montraient à quelques lieues de là sur la droite : il crut devoir en référer au maréchal Ney et suspendit son mouvement. Les ordres arrivèrent vers midi et Reille se mit en marche sur Frasnes; mais un temps précieux venait d'être perdu.

Les Quatre-Bras, que Ney devait occuper, étaient la clef de la position. Placés, comme nous l'avons dit, à l'intersection des routes de Charleroi à Bruxelles et de Namur à Nivelles, c'était là, et là seulement, que les divisions de l'armée anglaise dispersées et venant de directions diverses, de Bruxelles, de Braine-le-Comte, d'Ath, pouvaient se réunir. Ensuite, ainsi que venait de le leur promettre Wellington, elles donnaient la main à Blücher; Blücher, comptant sur la parole donnée, concentrait tout ce qu'il avait de forces disponibles sur un plateau en avant de la route de Namur à Nivelles, derrière le ruisseau de Ligny, et se préparait à y attendre Napoléon et à recevoir la bataille.

Or, jusqu'à deux heures de l'après-midi le prince d'Orange, qui défendait les Quatre-Bras, n'avait sous ses ordres que de sept à huit mille hommes.

Ney l'ignorait; mais aux avant-postes, en face de cette position qu'il devait enlever, il se consumait d'impatience, quand enfin les têtes de colonnes de deux divisions de Reille apparurent. Il était deux heures moins le quart. A deux heures le canon tonnait.

Au sortir de Frasnes, la route de Charleroi à Bruxelles, suivant les ondulations du terrain, s'incline, descend dans un vallon et se relève ensuite en pente douce pour gagner l'auberge et les quelques maisons qui composent le hameau des Quatre-Bras.

Presque au bord de la route, au fond du vallon, à droite, s'élève la grande ferme de Germioncourt. Plus à droite encore, et tout près de la chaussée de Namur à Nivelles, le village de Piraumont; à gauche de la chaussée de Bruxelles, à la naissance d'un petit vallon, est la ferme du Grand-Pierre-Pont, et du même côté tout le long de la route, jusqu'aux Quatre-Bras, s'étend le bois de Bossu.

Tel est le champ de bataille, telles sont les positions qu'occupait le prince d'Orange.

Ney forme en colonnes d'attaque les trois divisions d'infanterie dont il dispose, Bachelu à droite, Foy sur la chaussée, Guilleminot à gauche, la cavalerie sur les ailes, et donne le signal.

Nos troupes, aidées par une artillerie bien servie et dont le tir démonte à chaque moment les pièces de l'ennemi, descendent dans le vallon, refoulent les tirailleurs, et malgré les obstacles de toutes sortes, les blés, les haies, les clôtures, abordent les troupes du prince d'Orange et leur enlèvent, à gauche la ferme du Grand-Pierre-Pont, au centre la ferme de Germioncourt, et occupent à droite le village de Piraumont.

Après cet effort les troupes de Ney se préparent à un autre plus décisif, et, arrivées dans le fond du vallon, elles se reforment pour franchir un ruisseau, des haies, gravir le plateau qu'elles ont devant elles et enfin emporter la position décisive, les Quatre-Bras.

A ce moment Wellington, qui a couru à Ligny s'entendre avec Blücher, est de retour, et il a pris le commandement de ses troupes.

En même temps des renforts accourus à son aide et par la route de Bruxelles et par celle de Nivelles, entrent en ligne. Wellington retire de la lutte ceux des soldats qui ont combattu jusque-là et les remplace par des troupes fraîches.

Il a à peine eu le temps de terminer ses dispositions, que les soldats de Ney s'élancent : Guilleminot s'enfonce dans le bois de Bossu et Foy gravit la route des Quatre-Bras. Le prince d'Orange tente de l'arrêter et lance sur lui sa cavalerie. Mais nos soldats, formés en carré, les reçoivent par un feu nourri, et nos lanciers et nos chasseurs, les surprenant dans le désordre de la charge, les culbutent et derrière eux arrivent jusque dans les rangs de leur armée, enfoncent deux carrés et sont sur le point de prendre Wellington lui-même.

Les soldats de Foy profitent de ce succès, couronnent le plateau et touchent aux Quatre-Bras. Un accident survenu à droite leur arrache la victoire.

Les troupes de Bachelu s'avançaient péniblement au travers des haies, quand, arrivées enfin, un peu en désordre, au bord du plateau, elles y sont accueillies par un feu de mousqueterie qui les décime. Ce sont les fantassins de Picton qui, à demi couchés dans les blés, les fusillent à bout portant. Leur ligne flotte. Picton fait relever ses hommes, commande la charge et précipite du haut en bas du plateau nos soldats, qu'il poursuit la baïonnette dans les reins. Mais un des régiments de Bachelu, resté un peu en arrière de la colonne, prend les Anglais d'écharpe; nos troupes se reforment, et Picton, à son tour, est rejeté par delà le ruisseau de Germioncourt après des pertes énormes. Mais l'échec de Bachelu a forcément ramené Foy en arrière.

Toutes les troupes disponibles du corps de Reille ont été engagées; mais reste le corps de d'Erlon. Que d'Erlon arrive, et ses 25000 hommes suffiront et au-delà pour enlever la victoire; et ensuite, comme le demande Napoléon, Ney se rabattra sur les hauteurs du moulin de Bry, où l'Empereur est aux prises avec les Prussiens.

A ce moment Ney apprend que le corps de d'Erlon, sur lequel il compte, est entraîné, on ne sait par quel ordre, sur la droite, du côté de Saint-Amand.

Et tandis que son lieutenant lui fait défaut, des renforts arrivent sans cesse au général anglais. Ney envoie à d'Erlon l'ordre impératif de venir le rejoindre. Il est environ six heures et demie. Une nouvelle dépêche parvient au maréchal. Le major général écrit à Ney que Napoléon est aux prises avec les Prussiens à Ligny; il l'appelle sur le champ de bataille : il y va, lui dit-il, du salut de la France!

Dans cette pressante nécessité, Ney fait venir les cuirassiers tenus jusque-là en réserve à la hauteur de Frasnes. Au moment où ils débouchent, Ney court à leur chef, le duc de Valmy, et lui montrant les masses ennemies : « Général, lui dit-il, il faut que vous les enfonciez; » et, reprenant le mot de la dépêche de Soult : « il y va du salut de la France! »

Kellermann, le général qui avait coupé en tronçons la colonne autrichienne de Marengo, qui s'était illustré dans vingt batailles, hésita, dit-on. Mais, se raffermissant aussitôt, il disposa ses cuirassiers, gravit au trot la montée des Quatre-Bras, et, arrivé au sommet, lança ses escadrons. Ce fut une trombe. Cavaliers, fantassins, tout s'évanouit devant eux. Mais les cavaliers passés, les débris anglais se reformèrent; les cuirassiers sabrèrent de nouveau.

Malheureusement, dans une troisième ou une quatrième charge, aux Quatre-Bras même, Kellermann tomba. Son cheval venait d'être tué sous lui. Sans direction, ses cavaliers hésitèrent, et, pris tout d'un coup d'une terreur panique, ces hommes qui venaient de faire des prodiges tournèrent le dos, entraînant dans leur fuite les soldats de Foy.

Kellermann, qui n'était que blessé, eut le temps de saisir les chevaux de deux de ses soldats, et nu-tête, sanglant, revint ainsi, suspendu à l'arçon de leur selle.

Ney était accouru, il avait arrêté la déroute; mais il n'y avait plus à lutter pour la victoire : il ordonna la retraite. Elle se fit lentement. Les soldats de Ney mirent deux heures à parcourir une lieue de terrain. Quant au maréchal, dévoré de douleur, il se jetait au plus fort du danger et cherchait la mort.

« Ces boulets, s'écriait-il, en les voyant pleuvoir autour de lui, je voudrais les avoir tous dans le ventre! »

Vers neuf heures du soir, quand l'armée venait de s'établir sur les collines en avant de Frasnes, d'Erlon arriva. Après avoir été entraîné par des ordres qui lui avaient été donnés verbalement par un aide de camp, comme de la part de Napoléon, il s'était dirigé du côté de Saint-Amand. Il était arrivé tout près du champ de bataille de Ligny. Un officier français était même venu le reconnaître. Mais, ne recevant aucune instruction de Napoléon, et Ney, son chef, le rappelant à lui, il était retourné sur ses pas et s'était promené entre Ligny et les Quatre-Bras sans être utile nulle part.

Le lendemain, 17 juin, Ney ne reçut de nouvelles de Napoléon que vers 9 heures. La bataille livrée à

Ligny, lui écrivit-on, s'était terminée par une victoire. Les Prussiens avaient été mis en déroute; ils fuyaient dans la direction de Namur et de Liège; la cavalerie était à leur poursuite. Les Anglais, à la nouvelle de la défaite infligée à leurs alliés, avaient dû battre en retraite. Si Ney n'avait plus devant lui qu'une arrière-garde, il n'avait qu'à la dissiper et à occuper les Quatre-Bras. Contre toute vraisemblance, si Wellington était resté en position, que Ney en avertît l'Empereur, et aussitôt Napoléon se dirigerait par la chaussée de Namur pour le prendre en flanc, tandis que le maréchal l'attaquerait de front.

Comme Ney, Wellington n'avait appris que tard la défaite de Blücher, et à neuf heures il n'avait pas encore quitté les Quatre-Bras. Sur l'avis qu'il en reçut, Napoléon dirigea sur Marbais, à la gauche de Wellington, le corps de Lobau et la garde. Mais quand Ney, voyant les corps français à sa hauteur, s'avança pour attaquer les Anglais, il ne trouva plus devant lui qu'un rideau de cavalerie derrière lequel ils s'étaient dérobés. On se mit à leur poursuite; mais il faisait un temps affreux, la pluie tombait par torrents; hommes et chevaux n'avançaient qu'avec peine dans les terres détrempées. A la nuit seulement, les troupes arrivèrent sur les hauteurs qui regardent le plateau de Mont-Saint-Jean.

Au sortir de Genappe, la route de Charleroi à Bruxelles ondule sur une série de hauteurs jusqu'à la ferme de Rossomme et à l'auberge de la Belle-Alliance. Là elle descend dans le vallon de la Haie-Sainte, pour gravir ensuite le plateau de Mont-Saint-Jean, avant de s'enfoncer dans la forêt de Soignes.

C'est sur ce plateau de Mont-Saint-Jean que Wellington avait rangé ses troupes, derrière un chemin creux bordé de haies qui courait à la lisière du plateau et semblait une fortification toute préparée.

En avant de la position il occupait à sa droite le château, le parc et la ferme d'Hougoumont, au centre, sur la route de Charleroi à Bruxelles, la ferme de la Haie-Sainte, et enfin, sur sa gauche, les fermes de Papelotte, de la Haie, le hameau de Smohain et le château de Frichermont.

Napoléon déploya ses forces devant lui :

En première ligne, le corps de Reille à gauche de la route, et à droite celui de d'Erlon.

En seconde ligne, de chaque côté de la chaussée, le corps de Lobau et la grosse cavalerie.

En troisième ligne la garde.

Son dessein était de faire effort sur la gauche de l'ennemi, de l'enfoncer et de s'emparer de sa ligne de retraite, la route de Charleroi à Bruxelles par la forêt de Soignes.

C'est Ney qu'il chargea, avec le corps de d'Erlon, de frapper le grand coup.

La pluie de la journée précédente et de la nuit avait détrempé la terre. Pour la laisser ressuyer, de manière à permettre à l'artillerie de se mouvoir, il fallut attendre; la bataille ne commença qu'à onze heures et demie. Napoléon fit d'abord attaquer vigoureusement le château d'Hougoumont, sur la gauche, pour attirer sur ce point l'attention de Wellington, lui donner le change et l'amener à dégarnir son centre et son aile gauche, et à faciliter ainsi l'attaque de Ney. Cependant l'artillerie tonnait, nos tirailleurs avaient repoussé les tirailleurs ennemis; Ney avait formé en colonne d'attaque les quatre divisions de d'Erlon, il allait s'élancer, quand un ordre le retint. Des hauteurs de Rossomme, d'où il embrassait le champ de bataille, Napoléon, en promenant sa lunette, venait d'apercevoir, à deux lieues environ, sur la droite, du côté de la Chapelle Saint-Lambert, une sorte d'ombre mobile que bientôt il avait reconnue pour un corps de troupes. Quelles étaient ces troupes? d'où venaient-elles? Le matin, Napoléon avait appris qu'après sa défaite de Ligny Blücher, au lieu de se retirer sur Namur ou sur Liège, avait pris la direction de Wavres. Etait-ce lui qui arrivait se joindre à Wellington, ou bien étaient-ce les 30 000 hommes qu'au moment de marcher contre les Anglais Napoléon avait confiés à Grouchy pour poursuivre les Prussiens? Il fallait sortir d'incertitude au plus vite. Napoléon envoya à la rencontre des troupes qui arrivaient et suspendit l'attaque de Ney. Bientôt il n'y eut plus de doute. Le général Bernard, aide de camp de l'Empereur, s'était porté au galop dans la direction de Saint-Lambert et s'était avancé assez près de l'ennemi pour le reconnaître. C'étaient les Prussiens.

Un instant après on amenait à l'Empereur un hussard que notre cavalerie avait fait prisonnier. Il portait à Wellington une dépêche dans laquelle Bulow lui annonçait son arrivée et lui demandait des ordres. Les troupes que l'on avait aperçues du côté de Saint-Lambert étaient son avant-garde. Le hussard, interrogé, raconta que le corps de Bulow comptait 30 000 hommes, que Blücher était à Wavres avec trois autres corps d'armée et qu'il n'avait devant lui aucun Français. Ainsi donc Blücher accourait au secours de Wellington, et Grouchy, chargé de ne pas le perdre de vue, n'apparaissait pas.

Napoléon lui envoya, pour la seconde fois, l'ordre de venir au plus vite se joindre à lui. Mais en attendant il fallait parer au danger qui menaçait. Napoléon retira de sa seconde ligne le corps de Lobau et le plaça en avant de Plancenoit, pour faire tête à Bulow.

Il n'y avait plus dès lors à différer : Ney reçut l'ordre d'attaquer.

Il était prêt depuis longtemps. Les colonnes, formées en ordre profond, se mirent en marche, traversèrent le vallon, et tandis qu'une brigade se détachait pour enlever la ferme de la Haie-Sainte, le reste gravit le plateau. C'étaient près de vingt mille hommes qui marchaient ensemble. Tout devait céder à une pareille masse. En effet, rien de ce qui était en avant du chemin creux ne put tenir ; mais en traversant la haie qui bordait ce chemin, en descendant dans le fossé, en remontant le talus opposé, les rangs se rompirent, l'ensemble se brisa. Accueillis par la mitraille et une fusillade à bout portant, nos soldats hésitèrent. L'ennemi en profita, chargea à la baïonnette, refoula les nôtres dans le chemin creux, le traversa à leur suite et les ramena au bord du plateau. Wellington lança sur eux douze cents dragons. Se précipitant bride abattue, ces cavaliers, les meilleurs de l'armée anglaise, traversèrent les colonnes, y jetèrent la confusion, et, descendant la colline pêle-mêle avec nos fantassins, sabrèrent des canonniers sur leurs pièces et arrivèrent jusqu'au pied de la hauteur où se tenait Napoléon. Mais là, chargés par nos cuirassiers et nos dragons, ils furent vivement ramenés, laissant la moitié des leurs et leur chef sur le terrain.

D'autre part, la Haie-Sainte, bien que vivement attaquée, avait résisté. La première attaque de Ney sur la gauche de l'ennemi avait donc échoué. Il en prépara une seconde, cette fois sur le centre. Mais pour qu'elle réussît il fallait être maître de la ferme de la Haie-Sainte. Ney lui-même conduisit l'attaque et enleva la ferme en massacrant tous ceux qui la défendaient et en sabrant les bataillons qui accouraient à leur secours.

Ney avait fait reformer au pied de la hauteur d'où elles avaient été précipitées les troupes de d'Erlon, en attendant qu'il les lançât de nouveau à l'escalade du plateau. Mais les divisions de Reille, qui les joignaient à gauche de l'autre côté de la chaussée de Bruxelles, avaient incliné vers le château d'Hougoumont, qui continuait à résister, et les deux parties de la ligne française ne se tenaient plus. Ney fit demander à Napoléon la grosse cavalerie pour combler le vide. Sur l'ordre de l'Empereur, les cuirassiers de Milhaud, suivis des chasseurs et lanciers de la garde sous les ordres de Lefebvre-Desnouettes, vinrent s'aligner au premier rang, formant maintenant le centre de l'armée.

Quand il eut sous la main ces magnifiques troupes, ces cinq mille cavaliers d'élite, ces vieux soldats tout brillants de fer, Ney ne se contint plus. L'artillerie anglaise avait été amenée au bord du plateau, et de là envoyait ses boulets sur nos escadrons : Ney se mit à la tête des cuirassiers, et, brandissant son épée, il jeta à ses cavaliers le cri de : Vive l'Empereur! auquel ils répondirent par des milliers de cris, et tous, unis et compacts, gravirent le plateau. Les Anglais firent sur eux une décharge à mitraille, puis, repliant au galop les avant-trains des pièces sur les réserves, laissant là leurs canons, mais emportant les armements, les artilleurs coururent se réfugier dans l'intérieur de treize carrés disposés en échiquier sur deux lignes.

Ils avaient à peine eu le temps d'y entrer que l'ouragan de fer s'abattait sur les carrés. C'étaient les cuirassiers qui chargeaient.

Immobiles, silencieux, le premier rang genou en terre et la pointe de ses baïonnettes à la hauteur du poitrail des chevaux, les autres rangs le fusil à l'épaule et l'œil sur la mire, les fantassins anglais attendaient. Les cavaliers à portée, la fusillade éclata : des hommes et des chevaux roulèrent, mais la masse arriva. Sous ce choc les carrés plièrent, mais ils restèrent debout. En vain nos cavaliers les assaillirent, les pressèrent, se rejetèrent d'un carré sur un autre, aucun ne fut rompu. La force d'ensemble du premier élan était perdue, et les cuirassiers, rangs confondus, escadrons mêlés, ne s'en acharnaient pas moins contre les carrés, quand Wellington lança sur eux les gardes de Sommerset, les carabiniers de Trip et les dragons de Dörnberg.

Un instant ce fut, au milieu des carrés, un pêle-mêle épouvantable. Cavaliers, fantassins, se précipitaient les uns sur les autres, se fusillaient, se sabraient. Ney fit sonner le ralliement.

Nos cavaliers se dégageaient de la lutte et revenaient au bord du plateau pour s'y reformer; mais ils y revenaient suivis par les cavaliers anglais. Ney se mit à la tête des lanciers et des chasseurs de la garde restés en réserve, chargea la cavalerie anglaise et la ramena, décimée, sur les carrés. Alors ardent, furieux, laissant là les cavaliers en déroute, il se rejeta sur les fantassins, et, rejoint par les cuirassiers, il livra de nouveau aux carrés assauts sur assauts. Les carrés tinrent ferme. Sous peine de voir ces vaillants soldats s'user homme à homme dans des efforts inutiles, il fallait reformer les escadrons disloqués.

Encore une fois Ney lâcha prise et redescendit le plateau, pour donner aux hommes et aux chevaux le moyen de reprendre haleine, de refaire les masses et ensuite revenir aux Anglais.

Une fois dans le vallon, Ney put à peine respirer. Les artilleurs ennemis avaient rechargé leurs pièces abandonnées, et du bord du plateau ils couvraient Ney de leurs boulets. Faisant de nouveau sonner la charge, il remonta sur le plateau. Les cuirassiers de Kellermann, les grenadiers à cheval et les dragons de la garde le suivaient. C'était, avec les cuirassiers de Milhaud, les chasseurs et les lanciers de Lefebvre-Desnouettes, toute la grosse cavalerie, toute la cavalerie de réserve de l'armée, environ 10 000 chevaux. Ney les lança. Cette fois, ce fut avec rage qu'ils se jetèrent sur les Anglais. Sept des carrés sur treize furent écrasés, broyés, détruits. Six drapeaux furent pris.

Wellington tenait en réserve d'autres régiments pour remplacer ceux qui venaient d'être anéantis : il les poussa en avant. En même temps il rassembla les restes de sa grosse cavalerie, et pour amortir le choc de nos cuirassiers sur ses fantassins, il les jeta à leur rencontre. Les cuirassiers leur passèrent sur le corps, et des brigades Ponsomby, Sommerset, Trip et Dörnberg, il resta à peine quelques escadrons. Wellington pouvait encore disposer d'un régiment, les hussards de Cumberland; il leur ordonna de charger; les hussards s'approchèrent; mais au moment d'entrer dans le tourbillon, saisis de peur, ils tournèrent bride et, colonel en tête, s'enfuirent du côté de Bruxelles.

Cependant Wellington, réfugié dans l'un de ses carrés, assistait à la destruction de son armée : il voyait se fondre ses régiments, ses escadrons; la mort abattait autour de lui ses officiers : il apprenait à chaque instant la perte de l'un ou de l'autre de ses lieutenants, et on entendit cet homme si impassible, cet homme de fer, comme l'appellent les Anglais, dire à demi-voix : « Vienne la nuit, ou Blücher! »

Blücher entrait en action. Vaincu l'avant-veille à Ligny, meurtri d'une chute de cheval qu'il avait faite pendant la bataille en chargeant lui-même à la tête de ses escadrons, l'énergique vieillard avait employé la nuit suivante et la journée du lendemain à réorganiser son armée, à la concentrer sur Wavres, et maintenant il apparaissait à la tête de son corps d'avant-garde, celui de Bulow, marchant sur notre flanc droit et jusque sur nos derrières. Des hauteurs en avant de Plancenoit, il avait vu le plateau de Mont-Saint-Jean couvert de notre cavalerie; il avait vu les charges incessantes de Ney, et l'armée anglaise se serrant, se pelotonnant, et à chaque instant sur le point de lâcher pied : « Donnons de l'air aux Anglais, » avait-il dit, et il avait poussé Bulow sur Plancenoit, et à coups d'hommes il était sur le point de l'enlever et d'atteindre ainsi jusqu'à la route de Charleroi, jusqu'à notre ligne de retraite.

Au moment où Bulow avançait, où Lobau et la jeune garde pliaient, où Napoléon, courant à l'un de ses vieux généraux, Morand, lui donnait deux régiments de la vieille garde et lui demandait de le débarrasser des Prussiens, arrive le colonel Heymès, premier aide de camp du maréchal Ney.

La cavalerie a fait ce qu'on attendait d'elle : elle a porté de rudes coups à l'ennemi. Les escadrons anglais sont détruits, les carrés enfoncés ou chancelants : encore un effort, et le centre de Wellington sera percé. Mais cet effort, la cavalerie seule, réduite, épuisée, est dans l'impuissance de le tenter : il faut de l'infanterie, et Ney en fait demander. « De l'infanterie! s'écrie Napoléon, mais où veut-il que j'en prenne? Est-ce qu'il veut que j'en fasse? »

Cependant l'Empereur, voyant Bulow refoulé, sa tentative pour arriver jusque sur notre ligne de retraite au moins retardée, renvoie Heymès à Ney, lui mande de tenir ferme sur le plateau et de se préparer sur toute la ligne à une suprême attaque, qu'il va lui conduire la garde!

Et en effet, laissant quatre bataillons de cette garde en réserve, il mène lui-même à l'ennemi les six qui restent. En même temps, pour ranimer, s'il est possible, le courage des soldats, il envoie sur toute la ligne des officiers annoncer que Grouchy arrive!

A cette nouvelle, à la vue de la garde qui descendait des hauteurs de Rossomme et de la Belle-Alliance et montait au plateau de Mont-Saint-Jean, nos soldats n'avaient plus senti leurs fatigues; notre ligne s'était reformée, et les débris de Reille, de d'Erlon, de Kellermann, de Milhaud s'étaient reportés en avant; la fusillade, la canonnade éclataient tout le long du plateau.

Wellington, lui aussi, avait compris que l'instant décisif approchait : il avait rassemblé ses débris, reformé Brunswick, Nassau, les Allemands, les Hanovriens, les Belges, ceux qui jusque-là avaient soutenu presque tout le poids de la lutte, les avait reportés en avant, et derrière eux avait massé celles de ses troupes qui avaient le moins souffert, les Anglais de Clinton et les Hollandais de Chassé.

« Milord, lui avait demandé son second, le général Hill, vous pouvez être tué; quelles instructions me donnez-vous? — De tenir ici jusqu'au dernier homme; » et froidement, il attendait.

Cependant les six bataillons de la garde avançaient. C'étaient 3000 hommes, restes de cent batailles, vieux soldats qui avaient parcouru l'Europe du nord au midi, de l'est à l'ouest, et qui étaient entrés vainqueurs dans toutes les capitales. Dans cette troupe d'élite, où presque tous les soldats étaient décorés, c'étaient des colonels qui commandaient les compagnies et des généraux les bataillons. Friant, le héros d'Auerstaedt et de la Moscowa, était à leur tête; Ney vint en prendre le commandement supérieur.

Quand ils apparurent sur le plateau, avec leurs hauts bonnets à poil, leurs buffleteries blanches croisées sur leurs habits à revers blancs, leurs culottes blanches prises dans de grandes guêtres noires, l'arme au bras, marchant sous la mitraille aussi calmes que s'ils avaient été à la parade, et chaque fois qu'un boulet emportait une de leurs files, serrant les rangs et rectifiant leurs lignes, l'ennemi fut saisi.

« Sublime! » ne put s'empêchar de dire Wellington. En vain, pour arrêter la marche de cette puissante colonne, lança-t-il sur elle ce qui lui restait de cavalerie. Hommes et chevaux, glissant sur ce bloc de granit, rebroussaient chemin. En vain essaya-t-il des feux de ses bataillons allemands et belges : Brunswick et Nassau furent culbutés.

Malgré les obstacles accumulés, la garde marchait, marchait toujours, et comme un coin s'enfonçait dans le centre de l'armée ennemie.

Tout à coup, d'un pli de terrain se dresse devant elle une muraille d'hommes. « Gardes, venait de commander Wellington, debout! et visez bien! » Et les gardes anglaises, couchées à plat ventre, s'étaient relevées et avaient fait feu. Ney tomba, et avec lui plusieurs chefs et quantité de soldats. Les grenadiers avaient à peine eu le temps de s'émouvoir de cette décharge meurtrière, que Ney était devant eux, l'épée à la main, les excitant, les entraînant. Son cheval avait été tué, mais lui n'était pas blessé. La garde, au lieu de charger l'ennemi à la baïonnette, s'était déployée pour répondre à ses feux, et par cette manœuvre elle avait masqué une batterie qui jusque-là l'avait soutenue dans ses mouvements. Dès lors l'élan fut arrêté ; de l'offensive on passa à la défensive, et bientôt on rétrograda. Les Anglais reprirent leurs charges ; chaque fois que, trop hardis ou trop confiants, ils approchèrent de la garde, elle les décima par ses feux et les rejeta loin d'elle, à la baïonnette. C'était toujours le lion, mais le lion blessé et reculant.

La garde ne cédait le terrain que pas à pas, lorsque de violentes clameurs se firent entendre du côté de la ferme de la Haie, à notre extrême droite, et on vit fuir vers le fond du vallon des soldats qui jetaient là leurs armes, sabrés par une troupe de cavaliers.

C'étaient les troupes de Durutte qui étaient en déroute. Luttant sans relâche depuis six heures, à bout de forces, elles attendaient des secours, et au lieu de Grouchy qu'elles espéraient, qu'on venait de leur annoncer, elles se virent tout d'un coup aux prises avec les Prussiens. Ziethen, un des lieutenants de Blücher, entrait à son tour sur le champ de bataille ; surprises, elles reculaient ; le cri de trahison fut poussé, celui de sauve qui peut le suivit, et des soldats braves jusque-là lâchèrent pied. Par la trouée s'élança la cavalerie prussienne, et en un instant le vallon fut rempli de fuyards.

A cette vue les troupes de d'Erlon, qui tenaient toujours le haut du plateau, s'inquiétèrent, s'alarmèrent, reculèrent, et Wellington, imprimant à toute sa ligne un mouvement en avant, lança sur nous deux brigades de cavalerie légère, les brigades Vivien et Vandeleur. Un ébranlement général, prélude du désastre, se fit sentir dans toutes celles de nos troupes qui luttaient encore.

Ney se prodiguait : il courait de tous les côtés, essayant de raffermir les courages. « Tiens bon! criait-il à d'Erlon, toi et moi, si la mitraille anglaise nous épargne, nous sommes sûrs de notre affaire, nous serons pendus. »

Et aux soldats : « C'est ici la clef de l'indépendance nationale : il faut y tenir jusqu'au dernier. » Mais il eut beau faire, la nécessité fut la plus forte; sous la poussée, notre ligne creva, et bientôt ce fut un sauve qui peut général.

Ney, l'œil en feu, la bouche écumante, les vêtements criblés de balles, souillés de sang et de boue, au milieu des fuyards cherchait encore des combattants! Il aperçoit quelques bataillons que Durutte est parvenu à réunir dans un pli de terrain; il court à eux : « Venez, suivez-moi, mes camarades! leur crie-t-il, je vais vous montrer comment meurt un maréchal de France sur le champ de bataille. » Et, s'emparant de cette poignée d'hommes, Ney, avec eux, remonte vers le plateau de Mont-Saint-Jean; mais les Anglais de Kempt, de Pack, de Byland, de Best se réunissent pour l'écraser. Ils le couvrent de boulets et de mitraille, et, comme si ce n'était pas assez, la cavalerie de Blücher vient se joindre à eux. Ney roule sous son cheval. C'est le cinquième qui est tué sous lui dans cette journée; mais lui, il se relève encore vivant. L'énergie d'un héros a des limites. Ney est à bout de forces. Désormais il n'essaye plus de lutter, il glisse dans le torrent de la déroute, entraîné vers la France!

Quatre jours après il était à Paris, à la Chambre des Pairs.

Carnot, ministre de l'intérieur, y lisait un rapport du ministre de la guerre dans lequel Davoust essayait de relever les courages et voulait persuader qu'avec le corps de Grouchy ramené intact sur notre territoire et ce qui restait de Waterloo la France avait encore une armée pour se défendre.

Ney se lève : « Tout cela est faux, s'écrie-t-il, tout cela est chimérique; on vous trompe de tous les côtés. » Et, d'une voix sourde d'abord, mais qui se précipitait en intonations et en paroles expressives brusquement coupées, il raconta la lutte, les efforts, les espérances, les déceptions et finalement le désastre : « Je faisais l'arrière-garde de la retraite de Russie, ajouta-t-il, j'ai tiré le dernier coup de mousquet sur les Russes, chez eux, et je suis rentré à Vilna seul de ma bande. Eh bien, aujourd'hui, nous ne sommes pas aussi détruits, grâce à Dieu; mais nous sommes aussi dispersés.

« Vous ne pouvez, dans l'état présent, songer à rien qu'à la paix. On vous a laissé prendre au dépourvu par deux armées considérables. Vous n'avez pas le temps de vous recruter, de refaire votre matériel et de vous remettre en ligne. Ce n'est pas seulement un champ de bataille, c'est un Empire perdu.... Il n'y a plus que le temps de négocier. Il faut faire la paix, nous sommes à bout de tout le reste. »

Ney, l'homme des impressions soudaines, venait

WATERLOO.

encore de céder à l'un de ces mouvements qui tant de fois lui avaient nui. Ses paroles étaient sincères, mais imprudentes, mais excessives. Quand le courage de tous défaillait, quand le patriotisme commandait sinon de l'abuser, du moins de le soutenir, lui venait sans précautions, brutalement, arracher le voile qui couvrait l'abîme et le montrer à nu. Aussi fut-il écouté avec une douloureuse stupeur.

Mais dans le récit de la bataille il avait parlé de dispositions défectueuses, de fautes commises, et, sans nommer l'Empereur, il avait mis en question l'habileté de ses manœuvres. Le gant jeté, les partisans de l'Empereur le relevèrent.

Reprenant quelques paroles échappées à Napoléon dans l'égarement de la ruine, ces mots surtout, les premiers qu'il eût dits à Davoust en le revoyant : « Ney s'est conduit comme un fou! il a fait écharper ma cavalerie! » ce fut au maréchal, à sa fougue irréfléchie, intempestive, qu'ils attribuèrent les malheurs et le désastre de Waterloo. Les journaux s'emparèrent de ces propos et les répandirent dans le public.

Ney écrivit au duc d'Otrante, à Fouché, président du gouvernement, pour se justifier.

Dans cette lettre, où jour par jour, heure par heure, il expose sa conduite pendant cette courte campagne, Ney, attaqué, calomnié, ne garde plus de ménagement.

Il raconte comment aux Quatre-Bras, après lui avoir assigné une tâche, au fort de l'action, sans l'en prévenir et au risque de lui faire subir un désastre, on lui retire pour l'employer ailleurs tout un corps d'armée, celui de d'Erlon, et comment on le lui renvoie le soir sans que ce corps d'armée ait été utile.

Il blâme l'Empereur d'avoir voulu, ce jour-là, livrer à la fois deux batailles et de s'être exposé à deux défaites, quand il pouvait, en contenant les Prussiens, se reporter avec la plus grande partie de ses forces sur les Anglais surpris et les anéantir en détail.

Puis, arrivant à Waterloo : « Quoique le bulletin qui en donne le récit, dit-il, ne fasse aucune mention de moi, je n'ai pas besoin d'affirmer que j'y étais présent. »

Et, négligeant les faits auxquels l'armée a assisté, il se contente d'ajouter : « Les braves qui reviendront de cette terrible affaire me rendront, j'espère, la justice de dire qu'ils m'ont vu à pied, l'épée à la main, pendant toute la soirée, et que je n'ai quitté cette scène de carnage que l'un des derniers et au moment où la retraite a été forcée. »

Mais il se plaint amèrement d'avoir été trompé, ainsi que l'armée, par Napoléon, et au lieu de Grouchy, que Labédoyère était venu lui annoncer de la part de l'Empereur, d'avoir vu arriver sur le champ de bataille de quarante à cinquante mille Prussiens. C'est la déception éprouvée qui a abattu le moral du soldat et amené la déroute. Une fois commencée, elle est devenue irrémédiable.

« Pour moi, continue-t-il, constamment à l'arrière-garde que je suivis à pied, ayant eu tous mes chevaux tués, exténué de fatigue, couvert de contusions et ne me sentant plus la force de marcher, je dois la vie à un caporal de la garde qui me soutint dans ma marche et ne m'abandonna point pendant cette retraite. »

Durant ces stériles et tristes discussions entre les vaincus, l'ennemi vainqueur s'avançait sur Paris et le cernait d'un côté; l'armée qui le défendait, menacée sur sa ligne de retraite, capitulait et se retirait derrière la Loire, et Louis XVIII rentrait dans sa capitale sous la protection des Anglais et des Prussiens. Un de ses premiers actes, à son retour, fut de dresser une liste de proscription. Le nom du maréchal Ney y était inscrit le premier.

ARRESTATION DE NEY. — SON PROCÈS. — SA MORT.

Ney n'avait pas attendu la rentrée des Bourbons à Paris pour essayer de se dérober à leur vengeance.

Muni d'un faux passeport que lui avait délivré Fouché, il s'était dirigé sur Lyon pour gagner la Suisse. Mais, apprenant que les routes qui y mènent étaient gardées par les Autrichiens, il revint sur ses pas et se rendit aux eaux de Saint-Alban, près de Montbrison, où il passa une quinzaine de jours sous le nom du major Reiset.

Le 25 juillet la maréchale lui envoya un exprès, porteur de la liste de proscription sur laquelle son nom était inscrit. Cet homme était chargé de le conduire dans le département du Lot, au château de Bessonis, où une dame parente de la maréchale lui offrait un asile. Ney y arriva sans accident.

Là, caché dans une chambre haute d'où il ne descendait même pas pour prendre ses repas, le maréchal semblait en sûreté, quand une imprudence le perdit. Quelqu'un d'Aurillac vint en visite au château de Bessonis et admira un magnifique sabre turc enrichi de pierreries, déposé sur un guéridon. De retour à Aurillac, cette personne parla du sabre qu'elle avait vu à Bessonis. A la description qu'elle en fit, un de ses auditeurs s'écria : « Je connais ce sabre ; il n'y a en Europe que deux personnes à qui il puisse appartenir, Murat ou Ney. » La conversation fut rapportée au préfet, qui, devinant une illustre proie à saisir, envoya sur-le-champ à Bessonis, bien que ce fût dans un autre département, un capitaine, un lieutenant et quatorze gendarmes, avec l'ordre de fouiller le château.

Ney fut averti de l'approche des gendarmes, mais il refusa de fuir. La veille ou l'avant-veille il avait lu dans un journal royaliste qu'en partant pour Besançon le roi lui avait fait don de 500 000 francs, et qu'après avoir reçu l'argent il avait trahi. Cette imputation déshonorante l'avait mis hors de lui. Quand il vit s'avancer les gendarmes, il ouvrit sa fenêtre : « Qui cherchez-vous? leur demanda-t-il. — Le maréchal Ney. — Que lui voulez-vous? — L'arrêter. — Eh bien, montez, je vais vous le faire voir. » Et quand les gendarmes arrivèrent au haut de l'escalier : « Je suis Michel Ney, » leur dit-il, et il se livra.

Les gendarmes le conduisirent à Aurillac, où il resta prisonnier à l'hôtel de ville, du 5 au 15 août, jour où le préfet reçut l'ordre de le faire transférer à Paris.

Ney partit, escorté par un capitaine et un lieutenant de gendarmerie. Ces officiers lui offrirent de lui laisser pendant le voyage toute sa liberté et de n'être pour lui que des compagnons de route, s'il voulait leur donner sa parole de ne point chercher à s'évader. Ney le promit. A Riom, on traversa les cantonnements de l'armée de la Loire. Le général Exelmans fit proposer à Ney de l'enlever, il s'y refusa.

A un des derniers relais, Ney trouva la maréchale, qui était accourue de Paris au-devant de lui. On les laissa seuls. Lorsque Ney, après cette entrevue, fit appeler l'un des officiers qui le conduisaient et lui dit qu'il était prêt à se remettre en route, des larmes coulaient le long de ses joues. L'officier en paraissait surpris. « Vous êtes étonné de me voir pleurer, lui dit le maréchal; ce n'est pas sur moi que je pleure, c'est sur ma femme, sur mes quatre fils! »

A Paris on le mena à la prison de l'Abbaye et de là à la Conciergerie, où il fut écroué.

L'ordonnance royale désignait ceux des proscrits qui devaient subir un jugement et passer devant un conseil de guerre : Ney était du nombre. Mais pour lui, en raison de sa dignité, il fallut constituer un conseil particulier. Le ministre de la guerre le composa de maréchaux et de lieutenants généraux. Le maréchal Moncey, doyen des maréchaux de France, devait le présider; il s'y refusa. Le roi lui en fit renouveler l'ordre. Alors le vieux soldat écrivit à Louis XVIII :

« Sire, placé dans la cruelle alternative de désobéir à Votre Majesté ou de manquer à ma conscience, je dois m'expliquer à Votre Majesté. Je n'entre pas dans la question de savoir si le maréchal est innocent ou coupable; votre justice et l'équité de ses juges en répondront à la postérité, qui juge dans la même balance les rois et les sujets. Ah! Sire, si ceux qui dirigent vos conseils ne voulaient que le bien de Votre Majesté, ils lui diraient que l'échafaud ne fit jamais des amis. Croient-ils donc que la mort soit si redoutable pour ceux qui la bravèrent si souvent!

« Sont-ce les alliés qui exigent que la France immole ses citoyens les plus illustres? Mais, Sire, n'y a-t-il aucun danger pour votre personne et votre dynastie à leur accorder ce sacrifice? Et, après avoir désarmé la France à ce point que dans les deux tiers de votre royaume il ne reste pas un fusil de chasse, pas un seul homme sous les drapeaux, pas un canon attelé, les alliés veulent-ils donc vous rendre odieux à vos sujets, en faisant tomber les têtes de ceux dont ils ne peuvent prononcer les noms sans rappeler leur humiliation.

« Quoi! moi, j'irais prononcer sur le sort du maréchal Ney! Mais, Sire, permettez-moi de demander à Votre Majesté où étaient les accusateurs, tandis que Ney parcourait tant de champs de bataille? Ah! si la Russie et les alliés ne peuvent pardonner au prince de la Moskowa, la France peut-elle donc oublier le héros de la Bérézina?

« C'est à la Bérézina, Sire, que Ney sauva les débris de l'armée. J'y avais des parents, des amis, des soldats enfin, qui sont les amis de leurs chefs; et j'enverrais à la mort celui à qui tant de Français doivent la vie, tant de familles leurs fils, leurs époux, leurs pères! Non, Sire; et s'il ne m'est pas permis de sauver mon pays ni ma propre existence, je sauverai du moins l'honneur. S'il me reste un regret, c'est d'avoir trop vécu, puisque je survis à la gloire de ma patrie. Quel est, je ne dis pas le maréchal, mais l'homme d'honneur qui ne sera pas forcé de regretter de n'avoir pas trouvé la mort dans les champs de Waterloo? Ah! Sire, si le malheureux Ney eût fait là ce qu'il avait fait tant de fois ailleurs, peut-être ne serait-il pas traîné devant une commission militaire; peut-être ceux qui demandent aujourd'hui sa mort imploreraient sa protection!

« Excusez, Sire, la franchise d'un vieux soldat qui,

toujours éloigné des intrigues, n'a jamais connu que son métier et la patrie. Il a cru que la même voix qui a blâmé les guerres d'Espagne et de Russie pouvait aussi parler le langage de la vérité au meilleur des rois. Je ne me dissimule pas qu'auprès de tout autre monarque ma démarche serait dangereuse, et qu'elle peut m'attirer la haine des courtisans ; mais si, en descendant dans la tombe, je peux m'écrier avec un de vos illustres aïeux : Tout est perdu, hormis l'honneur, alors je mourrai content. »

Ce langage, si noble et si patriotique, ne trouva pas grâce devant le roi. Moncey, maréchal de France, fut destitué et en outre condamné à trois mois de prison.

Jourdan le remplaça. Dès lors le tribunal chargé de juger Ney fut organisé. Il se composait des maréchaux Masséna, Mortier, Augereau, des lieutenants généraux Maison remplacé par Gazan, Claparède et Vilatte. Le maréchal de camp Grundler fut nommé rapporteur et le commissaire ordonnateur Joinville devait soutenir l'accusation.

Depuis longtemps déjà l'instruction du procès était terminée. Le préfet de police Decazes y avait lui-même procédé, et dans les trois semaines pendant lesquelles Ney avait été tenu au secret, à la Conciergerie, il avait fait subir au maréchal plusieurs interrogatoires.

Le 3 novembre, Ney comparut devant ses juges, assisté de ses deux défenseurs, Mes Berryer père et Dupin aîné.

La famille, effrayée sans doute des procédés sommaires et de la justice rigoureuse des conseils de guerre, avait décidé le maréchal à décliner la compétence d'un semblable tribunal, et du moment qu'il était accusé du crime de haute trahison, à invoquer les articles 33 et 34 de la charte constitutionnelle et à réclamer pour juges les membres de la Chambre des Pairs.

Aussi lorsque, suivant l'usage, le président du conseil, s'adressant au maréchal, lui demanda ses noms, prénoms, âge et qualité, Ney répondit :

« Par déférence pour MM. les maréchaux et MM. les lieutenants généraux, j'ai consenti à répondre aux questions que M. le rapporteur m'a adressées en leur nom, n'ayant pas voulu entraver l'instruction préparatoire de cette procédure; mais aujourd'hui qu'elle est achevée et que je me trouve dans l'enceinte d'un tribunal, je dois renouveler mes réserves et les convertir en même temps en un déclinatoire formel de la compétence de tout conseil de guerre. Je déclare donc à MM. les maréchaux de France et lieutenants généraux que, sans m'écarter du respect dû à l'autorité, sans vouloir récuser les suffrages d'aucun d'eux, je refuse de répondre à tout conseil de guerre, comme à tout autre tribunal autre que celui auquel la loi attribue le pouvoir de me juger. »

C'était avec une vive contrariété que les membres du conseil de guerre s'étaient vus appelés à décider du sort d'un de leurs compagnons d'armes, et d'un des plus illustres. Tous partageaient les sentiments du maréchal Moncey, tous, s'ils en avaient eu le courage, auraient agi comme lui ; mais, retenus par des motifs divers, ils n'en cherchaient pas moins à échapper à la grave responsabilité qui allait tomber sur eux ; déjà Masséna avait voulu se faire récuser en alléguant ses démêlés avec Ney pendant la campagne du Portugal, et Mortier se proposait de poser au conseil la question de compétence. Ney, par son déclinatoire, comblait leurs désirs.

Aussi, après avoir entendu l'avocat du maréchal et le commissaire du gouvernement, malgré les conclusions contraires de ce dernier, le conseil, à la majorité de cinq voix contre deux, se déclara incompétent.

L'issue funeste du procès intenté au maréchal Ney a pu faire regretter qu'il eût pris la détermination de décliner la juridiction d'un conseil composé de compagnons d'armes, d'amis, qui auraient certainement montré de l'indulgence pour une faute contre laquelle ils ne pouvaient être bien sévères, puisque cette faute était celle de toute l'armée; elle a fait regretter qu'eux-mêmes eussent aussi facilement accepté les raisons données par le maréchal et qu'ils se fussent refusés à le juger.

L'un d'eux, Augereau, quelques mois après, se reprochait en quelque sorte la mort de Ney; mourant lui-même, il s'écriait avec désespoir :

« Oh ! nous avons été des lâches; nous aurions dû ne pas écouter ses avocats, le juger malgré lui ; du moins il vivrait ! »

Malgré ce cri de douleur et presque de remords échappé à Augereau, malgré l'opinion publique qui s'est formée d'après l'évènement, nous pensons que le conseil de guerre, si indulgentes, si favorables même que fussent ses dispositions à l'égard de Ney, ne pouvait le sauver. Il se serait trouvé en présence d'un fait indiscutable, d'un acte que le malheureux Ney ne songeait pas à nier : celui d'un général qui, investi d'un commandement, passe à l'ennemi avec ses troupes, et il n'aurait pas été libre de ne pas appliquer la peine inscrite dans nos codes militaires, la peine de mort.

Mais un autre tribunal, si hostile qu'on le suppose, était accessible à d'autres considérations; il pouvait avoir égard aux circonstances dans lesquelles l'acte incriminé avait été commis; par suite il pouvait atténuer la faute, la réduire, et, si cela était nécessaire, mettre dans les plateaux de la balance où il pesait le crime, d'une part un instant d'égarement, d'oubli, et de l'autre un passé de services, de gloire et de grandeur, et, dans la justice qu'il était chargé de rendre au nom de la France, compenser la faute d'un moment par les mérites acquis pendant un grand nombre d'années.

Le maréchal avait donc raison d'en appeler d'une justice étroite et inflexible à une autre qui pouvait et qui devait être plus libre, plus généreuse; il avait raison d'en appeler du conseil de guerre à la Chambre des Pairs.

La France alors semblait partagée en deux camps : d'un côté, les partisans de la Révolution et de l'Empire, de l'autre les adhérents des Bourbons; les premiers, vaincus mais nombreux, forts et provocants, les seconds victorieux et exaltés; les uns regardant Ney comme le représentant de leur cause compromise, mais non désespérée, et à ce titre s'identifiant avec lui, le soutenant, le défendant, le glorifiant; les autres voyant en lui l'auteur criminel de la Révolution récente qui avait failli les dépouiller et les rejeter en exil, surexcités aussi bien par les dangers courus que par les succès remportés, et demandant avec persistance, avec acharnement, la punition du grand coupable.

La décision du conseil de guerre qui renvoyait Ney par-devant une autre juridiction, en même temps qu'elle était regardée comme un signe d'heureux augure et presque comme un acquittement par les partisans de Ney, remplissait au contraire d'indignation ses ennemis et passait à leurs yeux pour un déni de justice. Aussi réclamaient-ils le prompt renvoi de l'accusé par-devant un autre tribunal.

L'ordonnance qui traduisait le maréchal par-devant la Chambre des Pairs, constituée en haute cour de justice, parut le 11 novembre.

Le lendemain 12, le duc de Richelieu, président du conseil des ministres, la portait lui-même à la Chambre et s'exprimait ainsi :

« Le conseil de guerre extraordinaire établi pour juger le maréchal Ney s'est déclaré incompétent. Nous ne vous disons pas toutes les raisons sur lesquelles il s'est fondé; il suffit de savoir qu'un des motifs est que le maréchal est accusé de haute trahison.

Aux termes de la Charte, c'est à vous qu'il appartient de juger ces sortes de crimes...

« Les ministres sont les organes naturels de l'accusation, et nous croyons bien plutôt remplir un devoir qu'exercer un droit, en nous acquittant devant vous des fonctions du ministère public.

Ce n'est pas seulement, messieurs, au nom du Roi que nous remplissons cet office, c'est au nom de la France, depuis longtemps indignée et maintenant stupéfaite. C'est même au nom de l'Europe que nous venons vous conjurer et vous requérir à la fois de juger le maréchal Ney.

« Nous accusons devant vous le maréchal Ney de haute trahison et d'attentat contre la sûreté de l'Etat.

« Nous osons dire que la Chambre des Pairs doit au monde une éclatante réparation ; elle doit être prompte, car il importe de retenir l'indignation, qui de toutes parts se soulève. . . . .

« ... Les ministres du roi sont obligés de vous dire que cette décision du conseil de guerre devient un triomphe pour les factieux. Il importe que leur joie soit courte, pour qu'elle ne leur soit pas funeste. Nous vous conjurons donc, et, au nom du roi, nous vous requérons de procéder immédiatement au jugement du maréchal Ney..... »

L'instruction, menée en hâte par le baron Séguier, commissaire délégué, fut terminée en trois jours.

Dès le 21 novembre les débats pouvaient s'ouvrir ; mais, sur la demande des défenseurs du maréchal, quelques jours de délai furent accordés pour assigner des témoins à décharge, et le procès ne commença que le 4 décembre.

La Chambre des Pairs était presque au complet. Sur 166 membres qui la composaient, 161 étaient présents. M. Dambray, chancelier de France, présidait l'assemblée. Les ministres assistaient aux séances. M. Bellart, procureur général près la cour royale de Paris, soutenait l'accusation.

Mes Berryer et Dupin aîné, devant la Chambre des Pairs comme devant le conseil de guerre, étaient chargés de la défense.

L'audience était publique. Le prince de Metternich, le prince royal de Wurtemberg, le comte de Goltz, ambassadeur prussien, des notabilités françaises et étrangères, des dames de la cour, des députés en costume remplissaient les tribunes.

La garde nationale faisait le service, le maréchal Oudinot la commandait.

Ney avait été transféré de la Conciergerie au Luxembourg.

Le président de la Chambre donna l'ordre d'introduire l'accusé, et le maréchal, vêtu très simplement d'un frac sans broderies, parut escorté de quatre grenadiers de la garde royale. Ses deux défenseurs allèrent à sa rencontre et l'amenèrent au siège qui avait été préparé pour lui.

L'acte d'accusation lui reprochait non seulement d'avoir lu aux troupes, le 14 mars, une proclamation qui les avait entraînées vers Napoléon, mais encore d'avoir prémédité cette trahison et d'avoir participé à des complots tramés plusieurs mois auparavant entre les chefs de l'armée pour renverser le gouvernement royal et ramener l'usurpateur.

Les dépositions des témoins mirent à néant cette partie de l'accusation. Tous s'accordèrent à dire que jusqu'au 13 mars au soir les sentiments, les paroles, les actes du maréchal étaient entièrement d'accord avec les devoirs que la fidélité lui prescrivait à l'égard du roi. C'était pendant la nuit du 13 au 14, et dans la matinée du 14, que les dispositions du maréchal paraissaient avoir changé. Toutefois l'un des deux divisionnaires de Ney, le seul qui pût être entendu (Lecourbe était mort depuis le commencement des poursuites), Bourmont, chargea gravement le maréchal.

Ney disait qu'avant de lire aux troupes, le 14 mars, la proclamation, il l'avait communiquée à ses deux lieutenants, Bourmont et Lecourbe, et que tous les deux l'avaient approuvée. Bourmont affirma que, loin de là, Lecourbe et lui avaient combattu le maréchal et essayé de tout leur pouvoir de le détourner de son funeste projet.

Mais, s'il en était ainsi, pourquoi lui, Bourmont, avait-il exécuté l'ordre du maréchal de réunir les troupes auxquelles on allait lire cette proclamation qu'il condamnait et qui devait avoir pour effet d'entraîner les troupes à l'ennemi ? Pourquoi, ensuite, était-il venu avec Lecourbe et les officiers de l'état-major prendre le maréchal, le conduire sur la place où devait s'accomplir la défection, et, en assistant à cet acte dont il était informé à l'avance, s'en rendre en quelque sorte le complice? Pourquoi enfin, la proclamation lue, sans protestation de sa part, était-il reste à côté du traître, dans les rangs de son armée et était-il venu le soir s'asseoir à sa table et assister, sinon prendre part, à tous les propos qui se tenaient contre les Bourbons? Non; Bourmont ne disait pas vrai quand, dans ces circonstances, en face de Ney qui trahissait, il prétendait avoir gardé un cœur fidèle, ou bien dès lors il commençait, ce que du reste il semblait avouer, ce rôle d'espion qu'il devait continuer jusqu'à la veille de Waterloo. D'une part comme de l'autre, sa loyauté et son honneur ne pouvaient rester saufs.

Mais dans sa déposition Bourmont ne s'en tenait pas là. Il insinuait perfidement qu'en dépit des apparences Ney avait prémédité ses actes, car, assurait-il, à cette revue du 14 mars ce n'étaient plus les insignes de la Légion d'honneur à l'effigie des Bourbons, mais bien une plaque à l'aigle que portait le maréchal. Et pour le confondre il fallut que Ney fît appeler son joaillier, et le joaillier apporta ses livres, et il montra qu'à la date du 25 mars, c'est-à-dire onze jours après la lecture de la proclamation, le maréchal lui avait envoyé toutes ses décorations pour les changer.

En dépit de Bourmont et des quelques royalistes qui déposèrent comme lui, l'absence de préméditation, avant le 13 mars au soir, dans le fait capital imputé au maréchal, devint si manifeste, que le ministère public abandonna l'accusation sur ce point; mais il insista avec plus d'énergie sur l'acte de trahison accompli par le maréchal le 14 mars et sur les conséquences désastreuses qu'il avait eues pour le pays.

La défense, au contraire, s'appliqua à montrer sous l'empire de quelles circonstances le maréchal avait agi; comment, ces circonstances changeant la manière de voir avec les évènements, les résolutions du maréchal s'étaient elles-mêmes modifiées au point que lui, venu avec l'intention bien arrêtée de combattre Napoléon, et, s'il le pouvait, de le détruire, avait été amené à se déclarer en sa faveur. Du reste, quand il avait pris cette détermination, Ney allait y être contraint. Dominés par leurs souvenirs et leur affection persistante, excités par les bruits qui leur arrivaient, par les écrits, par les proclamations que des émissaires leur distribuaient et qu'ils lisaient avidement, échauffés, entraînés par les agents de Napoléon, qui se mêlaient à eux et ne cessaient de les pousser à la révolte, les soldats s'agitaient, étaient prêts à se soulever, et, imitant leurs camarades du 76e à Bourg, à s'emparer de leurs chefs et à les conduire de gré ou de force à Napoléon. En lisant la proclamation qu'on lui avait préparée, Ney n'avait donc en rien fait naître des sentiments qui fermentaient dans les âmes et allaient éclater; en entrant dans les désirs de ses soldats, il avait pu garder sur eux une autorité qui les avait empêchés de se livrer au désordre.

D'ailleurs, à ce moment Ney était convaincu que le comte d'Artois, sous les ordres de qui il était placé, après avoir abandonné Lyon et Moulins, avait repris la route de Paris pour rejoindre le roi et la famille royale et avec eux quitter la France. Par suite de ce départ, il n'y avait plus d'autre gouvernement que celui dont Napoléon s'était emparé, et on pouvait accepter une révolution qui s'accomplissait sans effusion de sang, appelée par les vœux de la nation entière et selon les apparences, avec l'assentiment de l'Europe

Berryer avait terminé cette partie de son plaidoyer ; il prenait quelques minutes de repos, lorsqu'on vint l'avertir que la Chambre avait décidé de ne point lui laisser développer les moyens de droit qu'il comptait faire valoir en invoquant la capitulation de Paris, dont un des articles couvrait le maréchal Ney. Dès lors la défense cessait d'être libre. Dupin s'empressa d'en informer le maréchal et de rédiger à la hâte une protestation que Ney pourrait lire, s'il le jugeait à propos.

La Chambre rentrée en séance, Berryer abordait la capitulation de Paris et l'article 12, qui mettait à l'abri de toutes poursuites les personnes compromises dans la révolution du 20 mars; mais le procureur général se leva et protesta contre l'usage que les défenseurs du maréchal voulaient faire d'une convention militaire à laquelle le roi était resté étranger. Le président de la Chambre des Pairs, faisant droit à sa requête, invita les défenseurs du maréchal à porter la défense sur un autre terrain.

Dupin aîné prit alors la parole. Si le roi n'avait eu aucune part à la convention qui avait livré Paris aux armées alliées, s'il ne se regardait pas comme engagé par des stipulations dont pourtant il avait profité, puisqu'elles lui avaient rouvert les portes de sa capitale, du moins il ne pouvait pas récuser un traité qu'il avait signé, celui du 20 novembre. Or, aux termes de ce traité, Sarrelouis, patrie de Ney, avait été cédé à l'étranger, et le maréchal avait, de fait, cessé d'être Français, bien qu'il le fût demeuré de cœur et de sentiments.

« Oui, s'écria Ney en se levant avec impétuosité,

oui, je suis Français et je mourrai Français. Jusqu'ici ma défense a paru libre : je m'aperçois qu'on l'entrave à l'instant. Je remercie mes généreux défenseurs de ce qu'ils ont fait et de ce qu'ils sont prêts à faire ; mais je les prie de cesser plutôt de me défendre tout à fait que de me défendre imparfaitement. J'aime mieux n'être pas du tout défendu que de n'avoir qu'un simulacre de défense. Je suis accusé contre la foi des traités, et on ne veut pas que je les invoque ! Je fais comme Moreau : j'en appelle à l'Europe et à la postérité !

— Ce n'est porter aucune atteinte à la défense, répliqua le procureur général, que de vouloir la faire circonscrire dans les faits de l'acte d'accusation. Les commissaires du roi, quelles que soient les résolutions de M. le maréchal, persistent dans leur réquisitoire.

— Défenseurs, dit le président de la Chambre, continuez la défense en vous renfermant dans les faits.

— Je défends à mes défenseurs de parler, reprit impérieusement le maréchal, à moins qu'on ne leur permette de me défendre librement. »

Dès lors les débats étaient clos. Le procureur général demanda l'application de la peine du Code pénal aux faits de haute trahison et d'attentat à la sûreté de l'État, et l'accusé, les témoins et l'auditoire s'étant retirés, l'assemblée commença à délibérer.

Quatre questions furent posées :

1° Le maréchal Ney a-t-il reçu des émissaires dans la nuit du 13 au 14 mars ?

111 voix se prononcèrent pour l'affirmative et 47 pour la négative ; 3 pairs s'étaient abstenus.

2° Le maréchal Ney a-t-il lu, le 14 mars, une proclamation sur la place publique de Lons-le-Saunier, et a-t-il invité les troupes à la rébellion et à la défection?

158 voix votèrent pour l'affirmative; 3 abstentions.

3° Le maréchal a-t-il commis un attentat à la sûreté de l'État?

157 oui, 1 non et 3 abstentions.

4° Sur la peine, 143 membres votèrent pour la mort appliquée suivant la forme militaire, 14 pour la déportation et 4 s'abstinrent.

Consultée à nouveau pour savoir s'il y avait lieu d'admettre des circonstances atténuantes en faveur du maréchal, de regarder son crime comme un crime politique et, en conséquence, de modifier la peine qu'elle venait de voter, la Chambre, malgré les efforts de Lemercier, de Lenoir-Laroche, de Chollet et surtout de Lanjuinais, persista dans sa sentence : 139 voix votèrent la mort, 17 la déportation et 5 proposèrent de recommander le maréchal à la clémence du roi.

La Chambre rentra en séance vers onze heures et demie du soir, et en l'absence du maréchal et de ses défenseurs le chancelier prononça l'arrêt qui condamnait le maréchal Ney à la peine capitale.

L'arrêt lu, le procureur général demanda que le maréchal, membre de la Légion d'honneur, fût dégradé.

Le président fit droit à sa requête.

Il était trois heures du matin lorsque les Pairs quittèrent le Luxembourg.

A trois heures et demie M. Cauchy, secrétaire archiviste, se présenta à la porte de la chambre que depuis trois jours le maréchal occupait sous les combles du palais. Ney dormait; on le réveilla. En reconnaissant M. Cauchy, il devina le message dont il était chargé. M. Cauchy commença la lecture de l'arrêt, et, quand il en fut à l'énumération des titres et qualités du maréchal, Ney l'interrompit : « Michel Ney tout court, lui dit-il, et bientôt un peu de poussière ; » puis, ferme et calme, il écouta.

L'arrêt lu, le maréchal voulut savoir si l'exécution aurait lieu le jour même et à quelle heure. Quand il apprit que ce serait le matin même à neuf heures, il demanda que l'on écrivît à la maréchale pour qu'avant de mourir il pût embrasser sa femme et ses enfants ; puis il se rejeta tout habillé sur son lit.

Vers cinq heures arriva la maréchale avec ses enfants et sa sœur, madame Gamot. En entrant dans la chambre, la maréchale tomba évanouie, et quand elle revint à elle, ce fut pour éclater en larmes et en sanglots. Pendant ce temps madame Gamot était à genoux devant le maréchal ; ses quatre fils, dont l'aîné avait à peine douze ans, sombres, silencieux, contemplaient ce spectacle. Ney les attira à lui, leur parla à voix basse, les pressa sur son cœur en les couvrant de caresses, puis, pour mettre fin à une scène qui le déchirait, dit à demi-voix à madame Gamot que peut-être on aurait encore le temps d'arriver jusqu'au roi. La maréchale l'entendit, et, saisissant cette lueur d'espérance, elle embrassa le maréchal et courut aux Tuileries, où on devait la faire attendre et finalement l'éconduire.

Resté seul, en proie à de douloureuses émotions, Ney allait de long en large dans sa chambre. « Maréchal, lui dit un des soldats qui le gardaient, à votre place je penserais à Dieu. C'est toujours une bonne chose que de se réconcilier avec Dieu. » Ney s'arrêta, regarda le grenadier et, après un moment de silence : « Vous avez raison, lui dit-il ; oui, vous avez raison :

MORT DU MARÉCHAL NEY

il faut mourir en honnête homme et en chrétien; je désire voir M. le curé de Saint-Sulpice. Le prêtre s'empressa de venir. Il resta en tête à tête avec le maréchal pendant trois quarts d'heure, et quand il se retira, Ney lui exprima le désir de le voir encore à ses derniers moments. Il était de retour depuis quelques minutes, lorsqu'on avertit le maréchal que le moment était arrivé. Ney descendit l'escalier du palais entre une double haie de soldats, et à la porte il trouva une voiture qui l'attendait. Faisant passer le prêtre devant lui : « Montez le premier, monsieur le curé, je serai plus vite que vous là-haut. »

Et la voiture, escortée, traversa le jardin et se dirigea du côté de l'Observatoire. Un peu avant d'y parvenir, elle s'arrêta et Ney aperçut des troupes. Il descendit et alla se placer à quinze pas du peloton d'exécution. On lui offrit de lui mettre un bandeau sur les yeux. « Oubliez-vous donc, dit-il à l'officier qui le lui proposait, que depuis vingt-cinq ans j'ai l'habitude de regarder en face les balles et les boulets. Je proteste, ajouta-t-il, devant Dieu et la patrie, contre le jugement qui me condamne; j'en appelle aux hommes, à la postérité, à Dieu! Vive la France! »

Et comme l'officier qui commandait le peloton restait immobile : « Faites votre devoir, » lui dit le gouverneur de Paris, comte de Rochechouart; et Ney, se découvrant, la main droite sur le cœur : « Soldats, cria-t-il, hâtez-vous, et tirez là. »

Les soldats firent feu et Ney tomba percé de neuf balles.

FIN

TABLE DES MATIÈRES

FIN DE LA TABLE DES MATIÈRES.

PARIS. — IMPRIMERIE ÉMILE MARTINET, RUE MIGNON, 2.

PARIS. — IMPRIMERIE EMILE MARTINET, RUE MIGNON, 2.

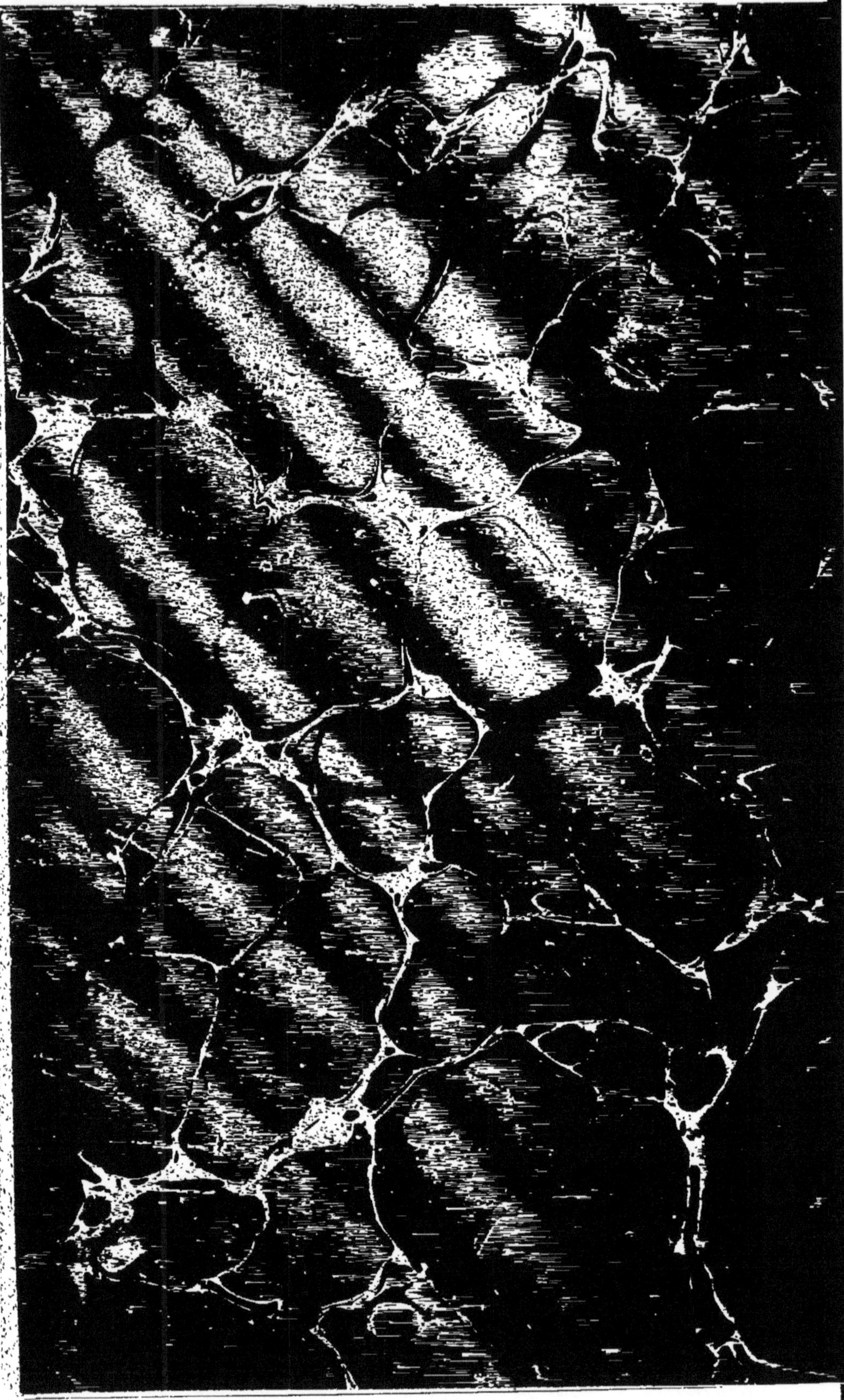

www.ingramcontent.com/pod-product-compliance
Ingram Content Group UK Ltd.
Pitfield, Milton Keynes, MK11 3LW, UK
UKHW020212250726
13967UKWH00003B/1422